予備校講師が
独学者のために書いた

司法書士
5ヶ月合格法

辰已法律研究所専任講師
松本雅典
Masanori Matsumoto

Subarusya

はしがき

――予備校講師が独学者のための勉強法を書く――

この一見矛盾した試み。しかし、これは全く矛盾していません。私から言わせれば、司法書士受験生の方の〝すべてが独学者〟です。一般的な意味で言うと、「独学者」とは次の1及び2のうち、1の意味で使われます。

1　模試などの「演習形式」の講座を除くと、予備校を利用していない
2　予備校の基礎講座や中上級講座などの「講義形式」の講座を受講している

本書は、独学者のための勉強法を提示する書籍であるため、1の方に合わせて書かれています。しかし、それは2の方のためにもなります。なぜなら、予備校の講義形式の講座を利用しようが利用しなかろうが、結局は〝自分で勉強している時間の学習効率〟で試験の合否が決まるからです。

独学者の方のための勉強法を提示していますが、本書の目的はただ一つです。それは、**「合格す**

ること、つまり、試験で点数を獲るためだけの方法論を追求する」ということです。「合格後に立派な法律家になる」ということは、もちろん重要なことですが、はっきり申し上げて、試験勉強の段階でそれを考える余裕はありません。現実的に、実際的に、どうすれば試験で点数を獲ることができるのかだけを追求しています。それが、「リアリスティック」に込められた意味です。司法書士試験合格までで構いません。リアリスティックに点数を獲ることだけを考えて下さい。

※本書で扱っているテーマのうち、特に重要なものは「リアリスティック2」などとしました。

なお、本書は、人によっては「そこまで口を出すな」と思われるところまで書かれていることもあります。それは、本書が独学者の方を基準として書かれているためですので、多少おせっかいなところがある点はご容赦頂ければと思います。

本書をお読み頂いた方が、ご自身で勉強する時間の学習効率を高め、司法書士試験の合格発表の日に人生最高の笑みを浮かべていることを心より祈念しております。

平成25年7月

辰已法律研究所専任講師　松本 雅典

本書を読む際の注意点

1　行動力

このような勉強法の書籍は本書以外にも多数ありますが、勉強法の書籍をお読みになっても、「へ〜、そんなやり方があるんだ」ということで終わってしまい、ご自身の学習に活かせない方が多いのが実情です。つまり、〝他人《ひと》のこと〟と見てしまうわけです。たしかに、他人が提唱している（実践している）方法論であるため、それもわかります。

しかし、みなさんは、「何か効率的な方法論はないか？」ということで本書を手に取って頂いたのだと思います。よって、単に**このような方法論もあるということを知るだけではなく、実践して下さい**。

一般的には、次のような過程で実践まで行く方が多くなっています。

理解 → 納得 → 実践

本書では、単に抽象的な方法論を示すのではなく、それを具体的にどのように司法書士試験の学習に使うのかという「具体例」を示します。書籍だけではなく、ガイダンスなど、どこで方法論をお話しする時もそうですが、私は、「具体例」を示すことにしています。そうしないと、説得力に欠けるからです。よって、前記の「理解」はして頂けるかと思います。

ところが、その次の「納得」が問題です。おそらく、本書で示す方法論は、みなさんの勉強法とは異なると思われます（そうでなければ意味がありません）。時には、みなさんの勉強法を否定するものも出てくるかもしれません。なかなか「納得」ができないこともあると思われます。しかし、一度「実践」してみて下さい。つまり、次のような順序になることもあるということです。

理解→実践→納得

少し試してみて、それで「効率の悪い方法だな」と思われたら、止めて下さい。納得できないからといって、一度も実践しないことは非常にもったいないです。たとえば、私は記述の申請書の記憶方法として、「書く」方法により記憶するのではなく、「音読」や「シャドウイング」をお薦めしています。最初は、「そんな方法で記憶できるんですか？　書かないと不安なんですけど……」とおっしゃっていた方が、実際に「音読」や「シャドウイング」を実践してみると、「こんなに効率良く記憶できるなんて驚きました！」とおっしゃることがよくあります。

また、行動力は、これからのみなさんにとって、非常に重要になってきます。どういうことかというと、司法書士試験合格後に司法書士事務所を開業し、成功されている方に共通していることは

「行動力」です。人脈や営業力が大事だと思われるかもしれませんが、成功されている方を見て、共通して当てはまることは「行動力」なのです。たとえば、成功されている方は、（予定がない限りは）懇親会などは断りません。もちろん、懇親会（税理士や社会保険労務士など他士業との交流会など、様々な懇親会があります）に参加しても、仕事につながらないことのほうが多いのが現実です。しかし、その中で仕事につながることもあるのです。そこで、労をいとわず参加する。すべてにおいて、このような姿勢を持っている方が成功されています。

みなさんも、ぜひ「行動力」の重要性を今一度認識して頂ければと思います。

2 確証バイアスを捨てる

本書をお読みになる際に意識的にして頂きたいことがあります。それは、「確証バイアスを捨てる」ということです。突然ですが、次の二つの見解、どちらが正しいと思いますか。

①勉強時間が短いと学習効果が半減してしまうため、1日の勉強時間は10時間を切ってはいけない

②長時間の勉強は集中力が持続せず効率が落ちるだけであるため、1日の勉強時間は多くても7～8時間程度にするべきである

①又は②を選ぶ際に、無意識にご自身が正しいと思われていることに近いほうを選んだのではな

いでしょうか。しかし、①及び②のどちらも、「脳科学者の○○先生の論文から引用した」とか「統計データがある」といったものではありません。

これが、「確証バイアス」と言われるものです。「バイアス（Bias）」の意味は「偏見」、つまり、偏った考え方です。人間には、何か情報に接した時に、特に根拠がないにもかかわらず、自分が正しいと思っている考え方と近いものを正しいと思ってしまう傾向があります。

本書には、一般的な方法論と異なる勉強法が記載されています。時には、みなさんが採っている方法論と正反対の勉強法も出てくると思われます。そこで、確証バイアスを捨てて、冷静にどちらがより効率的なのかを考えて下さい。これは、**意識的に**しない限りできません。

3 本書掲載の法律知識

本書は、単に抽象的な方法論を示すだけではなく、司法書士試験の勉強に当てはめた〝具体的な〟方法論を示しています。そのため、法律知識が多数掲載されています。そこで、まだ法律学習を始めていない、又は始めて間もない方は、わからない内容もあるかと思います。しかし、それは試験勉強を始めて、ある程度の期間が経てば当たり前になる知識ですので、わからないことがあったとしても気にせず読み進めて下さい。

※なお、本書は平成24年度司法書士試験までの情報を基に記載しています。

目次

第2章　受験勉強全体を貫く理念

第6章 検索先の一元化VS情報の一元化——リアリスティック14

第14章 覚悟から生まれるモチベーション ――リアリスティック25

本書に記載のある「リアリスティック一発合格松本基礎講座」及び本書で推奨している「シャドウイング用音声データ」につきましては、辰已法律研究所にお問い合わせください。

■辰已法律研究所■
【TEL】03-3360-2711（司法書士ホットライン）
※電話受付時間は平日の 11:00 ～ 17:00

【ホームページ】http://www.tatsumi.co.jp/

辰已法律研究所　検索

※ホームページにはお問い合わせ専用ページがございます。

装 丁／福田和雄　FUKUDA DESIGN（フクダデザイン）
編集・DTP ／藤本いづみ

第1章

相手（試験）を的確に知ることから戦略が生まれる

第1節

試験日程・試験科目

1 基本事項

試験制度について、基本的なことは〝簡潔に〟説明します。本書では、一般的な情報、つまり、予備校のパンフレットやガイダンスをご覧になれば得られる情報については簡易な説明にとどめ、一般的には得られない情報をみなさんにお伝えすることを主目的としているからです。しかし、最低限の基本的な情報は必要ですので、その点は記載します。

司法書士試験の日程は、次のページ（上）のようになっています。

「筆記試験」「口述試験」とあるとおり、二つの試験を突破しなければいけません。しかし、「口述試験」は、本人確認としての意味合いが強く、余程のことがない限り落ちる試験ではありませんので、7月の第一日曜日の「筆記試験」がすべてだと思って下さい。

筆記試験当日のスケジュール及び試験科目は、次のページ（下）のようになっています。

試験時間は、このように午前の部と午後の部に分かれていますが、「1」「2」「3」と振ったように、試験を次の三つに分けて考えて下さい。なぜなら、次の第2節で見るとおり、これら三つのそれぞれに「基準点」が設定されているからです。

【試験日程・試験科目】

【全日程】

【願書提出期間】
▶▶ 5月初旬～中旬

【筆記試験】
▶▶ 7月の第一日曜日（1日限り）

【筆記試験合格発表】
▶▶ 9月末～10月初旬

【口述試験】
▶▶ 10月中旬

【最終合格発表】
▶▶ 11月初旬

【筆記試験】

【午前の部 9：30 ～ 11：30（2時間）】

1 択一（35問×3点＝105点）
・憲法3問　・民法20問
・刑法3問　・会社法（商法）9問

【午後の部 13：00 ～ 16：00（3時間）】

2 択一（35問×3点＝105点）
・民事訴訟法5問　・民事保全法1問
・民事執行法1問　・司法書士法1問
・供託法3問　・不動産登記法16問
・商業登記法8問

3 記述（2問　70点）
・不動産登記1問　・商業登記1問

〔1 午前択一
2 午後択一
3 記述〕 ⇒ **基準点が設定！**

第2節

最も怖い基準点とは？

1 特殊な試験制度

司法書士試験の制度の中で、最も怖いものが「基準点」というものです。「基準点」と言われますが、要は「足切り点」のことです。第1節でご説明しましたとおり、次の三つにそれぞれ足切り点が設けられています。

1：午前択一
2：午後択一
3：記述

これら三つのうち、**どれか一つでも基準点に満たなければ、他の二つが満点であっても不合格**となります。よって、これら三つの基準点以上の点数を獲るということは、合格の絶対条件となります。

過去10年間の基準点及び合格点は、次の表のようになっています。

平成21年度から配点が変更されましたので、まずはその点をご説明します。平成20年度までは記述の配点が52・0点でしたが、平成21年度から記述の配点が70・0点になりました。それに伴い、

【基準点及び合格点】
(平成24年度～平成15年度)

※小数点2桁以下四捨五入
※平成24年度～平成15年度のうち、それぞれの項目の最高点及び最低点を赤字にしています(率を基準に赤字にしています)

	1. 午前択一	2. 午後択一	3. 記述	4. 基準点合計	5. 合格点
H24	28問(84点)(80.0%)	26問(78点)(74.3%)	38.0/70.0点(54.3%)	200.0/280.0点(71.4%)	215.0/280.0点(76.8%)
H23	26問(78点)(74.3%)	24問(72点)(68.6%)	39.5/70.0点(56.4%)	189.5/280.0点(67.7%)	207.5/280.0点(74.1%)
H22	27問(81点)(77.1%)	25問(75点)(71.4%)	37.5/70.0点(53.6%)	193.5/280.0点(69.1%)	212.5/280.0点(75.9%)
H21	29問(87点)(82.9%)	25問(75点)(71.4%)	41.0/70.0点(58.6%)	203.0/280.0点(72.5%)	221.0/280.0点(78.9%)
H20	28問(84点)(80.0%)	26問(78点)(74.3%)	19.5/52.0点(37.5%)	181.5/262.0点(69.3%)	189.5/262.0点(72.3%)
H19	28問(84点)(80.0%)	28問(84点)(80.0%)	30.0/52.0点(57.7%)	198.0/262.0点(75.6%)	211.5/262.0点(80.7%)
H18	27問(81点)(77.1%)	25問(75点)(71.4%)	31.5/52.0点(60.6%)	187.5/262.0点(71.6%)	202.5/262.0点(77.3%)
H17	29問(87点)(82.9%)	26問(78点)(74.3%)	25.5/52.0点(49.0%)	190.5/262.0点(72.7%)	203.5/262.0点(77.7%)
H16	26問(78点)(74.3%)	24問(72点)(68.6%)	31.5/52.0点(60.6%)	181.5/262.0点(69.3%)	197.0/262.0点(75.2%)
H15	28問(84点)(80.0%)	24問(72点)(68.6%)	36.0/52.0点(69.2%)	192.0/262.0点(73.3%)	208.5/262.0点(79.6%)

総合点も変わりました。平成20年度までは総合点が262・0点でしたが、平成21年度から総合点が280・0点になりました。

2 基準点

問題の基準点を見ていきます。前のページの表の1〜3を見ると、基準点は次のような範囲で推移していることがわかります。

1：午前択一▼▼26問（74・3％）〜29問（82・9％）
2：午後択一▼▼24問（68・6％）〜28問（80・0％）
3：記述　　▼▼53・6％〜69・2％　※平成20年度を除く

1 （午前択一）について

1の午前択一の基準点が最も高くなっています。しかし、2の午後択一よりも問題のレベルが低いというわけではありません。むしろ、午前択一のほうが、難易度は高いのです。では、なぜ午後択一よりも基準点が高くなるかというと、次の二つの理由が考えられます。

①時間的余裕がある

午前択一は、「120分」で35問を解きます。それに対して、午後択一は180分の間に記述も解かないといけませんので、実際に択一35問に使える時間は「70分程度」です。

②旧司法試験の受験生の方の参入

法科大学院（ロー・スクール）制度の創設に伴い、旧司法試験の受験生の方がかなりの数、司法書士試験に参入しました。現在は、その数は少なくなっていますが、平成19年度から平成21年度はそのピークであったと考えられています。旧司法試験と司法書士試験の午前択一の科目はかなりかぶっているため、ほとんど時間をかけずに午前択一で30問前後の得点を獲る方がかなりの数いました。

しかし、現在では旧司法試験の受験生の方の数はわずかです。これは、平成24年度と平成21年度の午前択一の基準点を比べると、よくわかります。平成24年度の基準点は28問、平成21年度の基準点は29問ですが、問題の難易度は（わずかにですが）平成21年度のほうが高かったのです。しかし、基準点は平成24年度のほうが低くなりました。これは、旧司法試験の受験生の方の数の違いが要因だと思われます。平成21年度の受験生の方が平成24年度の試験を受けた場合、基準点は30問まではいかないにせよ、29問にはなっていたと思われます。

旧司法試験の受験生の方の減少により、現在は少し前よりは午前択一の難易度は下がっていると言えます。

「午前択一の難易度が下がっている」と申し上げましたが、それでも、平成23年度は26問（74・3％）であり、平成24年度にいたっては28問（80・0％）です。これは、**合格点ではなく、〝基準点〟**です。つまり、「これ未満は受け付けませんよ」ということです。これは、資格試験の中でも異常に高い点数です。同じ法律系資格試験でいうと、行政書士試験は60％の得点で〝合格〟できますし、司法試験でも短答試験（択一式）の足切りは約6割です。もちろん、他の資格試験と問題は違いますが、簡単な問題ばかりが出るわけではない司法書士試験において74・3％や80・0％の得点が要求されるということは、非常に高いハードルであることに間違いはありません。

2（午後択一）について

前記1でご説明しましたとおり、午後択一は、問題の難易度自体は午前択一よりも低いのですが（午後択一のほうがカコ問からの出題率が高いのが一つの大きな理由です）、使える時間などの要因から基準点は少し低くなっています。

3（記述）について

3の記述は、択一に比べて基準点が低くなっています。平成18年度までは60％以上の点数が求められたことがありますが、平成19年度以降は、60％の点数を獲っておけば、足切りにあうことはありませんでした。

なお、平成20年度の記述の欄に斜線を引いているのは、「これは参考にしないで下さい」という意味です。平成20年度のみ、基準点が37・5％と異常に低くなっています。これは、平成20年度は不動産登記（記述）の出題形式に大きな変化があったことが原因です。当時の受験生の方は大混乱に陥り、答案が崩壊した方が非常に多かったのです。今後の試験でこのように基準点が急降下する可能性はかなり低いので、記述の基準点が37・5％になるなどということはないと思っていて下さい。

3 合格するには？

基準点を見てきましたが、合格するには基準点を獲ればよいわけではありません。P25の表の4の「基準点合計」と5の「合格点」に開きがあるとおり、基準点に8・0点（平成20年度）から19・0点（平成22年度）上乗せしなければなりません。午前択一、午後択一、又は記述のどこで上乗せをしても構いませんが、択一で上乗せをするならば5～7問分必要となるのが近年の傾向です。

4 法務省が午後択一の基準点を下げている？

Ｐ25の表だけでなく、午前択一及び午後択一双方の基準点を突破した人数（割合）を見るとわかるのですが、平成21年度以降、午後択一の基準点を意図的に下げていると思われる節があります。

しかし、これは試験の常識からすると、異常なことです。司法書士試験は、午前択一及び午後択一の双方の基準点を突破した方のみ、記述の採点がされます。大学受験など他の試験でもあることですが、機械で採点できるマークシートで全員の答案を採点し、一定の高得点者のみについて、人間が採点しなければいけない記述の答案を採点するという方式です。合格の可能性がない方の答案を人間が採点している時間がもったいないため、機械で採点できるマークシートでふるいにかけるということが理由であると思われます。つまり、採点する側からすると、記述の採点対象答案は少ないに越したことはないのです。ところが、平成21年度以降、それを意図的に増やしている節があります。なぜ労力を増やすことをするのでしょうか。

その答えは、本節**2**の3でご説明した、**平成20年度における受験生の方の記述の答案の大崩壊が原因**だと思われます。多くの受験生の方が、不動産登記（記述）の点数が「0点」でした。さらにいうと、合格者の方の中にも不動産登記（記述）が0点で合格された方がいました（商業登記〈記述〉の点数が19・5点以上であれば合格することは可能です）。法務省としては、これを異常事態と捉えたはずです。なぜなら、実務（司法書士が実際にする仕事のことを「実務」と言います）で同様の申請書を作成して申請すると、却下となり、場合によっては所属している司法書士事務所が潰れるという事態になります。法務省が異常事態と捉えたという裏付けが、平成20年度の合格者の方が受けた研修にあります。平成20年度の合格者の方向けの研修において、不動産登記（記述）が大崩壊したことについて注意がありました。他の年度の研修では、試験問題について言及するということは通常ありません。

つまり、その平成20年度の異常事態を受け、法務省側が「もっと記述がきちんとできる者を合格させよう」と考え、労力が増えるにもかかわらず、記述の採点に進む人数（割合）を増やしたのだと思われます。平成21年度から、記述の配点が52・0点から70・0点になっていることも、この推理の信憑性を高めるものと言えるでしょう。

「午後択一のハードルは下がっているんだな」ということは、午後の試験の時間配分を考える際などに重要となりますので、知っておいて下さい。

第3節

基準点以外に存在する「消化試合」とは？——リアリスティック1

1 「消化試合」とは？

ここでは、一般的に語られることのない、基準点以外に存在する「消化試合」というものをご説明します。

実は、司法書士試験には「消化試合」というものが存在します。具体例でご説明します。たとえば、平成24年度司法書士試験において、次の点数は消化試合でした。

1：午前択一▼▼34～35問
2：午後択一▼▼32～35問
3：記述　　▼▼53・5～70・0点

この点数は、**合否には絶対に影響しない点数**です。その根拠は、法務省から発表された次の情報にあります。

【基準点】
1：午前択一▼▼28問（84点）
2：午後択一▼▼26問（78点）
3：記述　　▼▼38・0点

【合格点】
215点

理論をご説明します。

合格するためには、1～3の要件はすべて満たす必要があります。逆に言えば、合格者で1～3の要件を満たしていない方は一人もいません。ということは、合格するための要件を備えた（すべての基準点以上の点数を獲った）時点で、持ち点200点はあるわけです。

それにプラスする必要があるのは、合格点から基準点の合計点を引いた15点（215点－200点）です。これが、平成24年度における上乗せ点です。

15点上乗せしなければなりません。逆に言えば、15点上乗せすれば、それを超える点数は合否には全く影響がありません。すると、次のいずれかを満たせば、合格が〝決定〟します。

1：午前択一▼▼33問正解〈28問に5問〈15点〉上乗せ〉
2：午後択一▼▼31問正解〈26問に5問〈15点〉上乗せ〉
3：記述　　▼▼53・0点〈15・0点上乗せ〉

ここから、冒頭で表示した次の消化試合が導き出されます。

1：午前択一▼▼34〜35問
2：午後択一▼▼32〜35問
3：記述　　▼▼53・5〜70・0点

たとえば、午後択一で32問獲っても合否には全く影響しません。31問獲った段階で上乗せ点15点が獲れていますので、合格が決定しています。前のページの三つの基準点はすべて満たさなければなりませんので、午後択一で32問以上必要であるということが、あり得ないのです。

【消化試合】
（平成24年度～平成15年度）

	上乗せ点	1. 午前択一	2. 午後択一	3. 記述
H24	15.0点	34問以上	32問以上	53.5点以上
H23	18.0点	33問以上	31問以上	58.0点以上
H22	19.0点	35問	33問以上	57.0点以上
H21	18.0点	なし	32問以上	59.5点以上
H20	8.0点	32問以上	30問以上	28.0点以上
H19	13.5点	34問以上	34問以上	44.0点以上
H18	15.0点	33問以上	31問以上	47.0点以上
H17	13.0点	35問	32問以上	39.0点以上
H16	15.5点	33問以上	31問以上	47.5点以上
H15	16.5点	35問	31問以上	なし

2 各年度の消化試合

本節1で例に出した平成24年度を含めた、平成24年度から平成15年度の消化試合は上に挙げた表のようになっています。

3 消化試合は結果論？

消化試合というものがあるということは、おわかり頂けたと思います。しかし、おそらく「それって結果論じゃないの？」「それを知っていて何になるの？」といった疑問が湧いた方がいらっしゃると思います。

まず、「それって結果論じゃないの？」という疑問ですが、そのとおりです。消化試合とは結果論であり、事前に「何問（何点）以上は消化試合である」と言うことはできません。しかし、それを言えば、**基準点も「結果論」**です。事前に「何問（何点）が基準点である」と言うことはできません。ですが、過去の基準点を参考に対策を立てます。よって、消化試合が結果論であったとしても、過去の消化試合を参考に対策を立てることは、基準点に対する対策と同様に行うべきことなのです。

では、どのような対策を立てることができるのでしょうか。それが、二つ目の「それを知っていて何になるの？」という疑問に対する答えです。消化試合を活かすべき点は、**時間配分**です。

午前の部は、択一を解くことしかすることがありませんし、前のページの表をご覧頂くとわかるとおり、午前の消化試合はわずか（平成21年度に至っては「なし」）ですので、消化試合を活かすことはできません。

それに対して、午後の部は消化試合が重要となってきます。前のページの表をご覧頂くとわかるとおり、多くの年度で午後択一は「31問以上」は合否と関係のない消化試合となっています。つまり、午後択一において、**30問台の戦いは趣味の世界であることが多い**のです。「午後択一は高得点を獲っても合否に全く影響しないことが多い」ということは、必ず頭に入れておいて下さい。

これを午後の部の時間配分に活かす必要があります。つまり、午後択一は30問台の戦いをしても意味がないわけですから、択一に時間を使いすぎず、記述に時間を回すべきなのです。午後の部の時間配分は大きく合否を左右します。にもかかわらず、この消化試合の存在を知らず、たとえば次のような点数となる方がいらっしゃいます。

午後択一：33問正解（解答時間〃90分〃）
記述　　：足切り（解答時間〃90分〃）

択一に時間を使いすぎ、記述に時間を回せなかったため、記述で足切りにあってしまうというパターンです。択一で33問も獲る必要はないのです。28問や29問でも構わないので、択一の解答時間は70分程度に押さえ、記述に時間を回すべきなのです。

この消化試合は、午後の部の時間配分の〃肝〃となりますので、強く意識しておいて下さい。

第4節

司法書士試験とは何なのか？

1 女子アナ試験ではない

司法書士試験は、女子アナ試験ではありません。民放キー局の女子アナ試験は、数千人の中から2～3人しか合格しません。合格するには、「秀でたもの」が要求される、つまり、他の方にない何かが要求されるわけです。

しかし、司法書士試験は、秀でた能力を持っている方が抜けていく（合格していく）試験ではありません。たしかに、合格率は3％前後（対出願者数約2・8％、対受験者数約3・5％）ですので、数字だけを見ると秀でた能力を持っている方が抜けていくように見えます。ところが、この約3％の人間は、特別な何かを披露できたわけではありません。**他の受験生の方が脱落していき、残っただけ**です。この試験は、通常のテキスト及びカコ問を習得すれば（100％習得する必要はありませんが、90％以上〈テキストの記載の90％以上という意味ではなく、テキストの記載のうち、試験に出るポイントとなる箇所の90％以上という意味です〉は習得する必要があります）、合格レベルには到達します。つまり、合格するために習得しなければいけない〝量〟は決まっているのです。普通の受験勉強で知ることのない特別な知識を習得する必要は一切ありませんので、ご安心下さい。そんなことをしなくても、習得すべき知識（テキスト及びカコ問）を習得していけば、**周りが勝手**

に脱落していきます。この「周りが勝手に脱落していく」ということは非常に重要ですので、受験勉強の中で定期的に思い出すようにして下さい。

2 小学校・中学校レベルの試験

司法書士試験は、小学校・中学校レベルです。これは、小学生や中学生と同程度の勉強量で合格できるという意味ではありません。「法律」を数学や英語などの一つの科目として捉えた場合に、司法書士試験のレベルが小学校・中学校レベルだということです。

みなさんは、「法律」というある意味一つの科目を学習しようとしています。その学習をするにあたって、ご自身がどのレベルの学習をする必要があるかということは把握しておく必要があります。つまり、「数学（算数）」で言えば、ご自身の学習するレベルが、足し算なのか、二次方程式なのか、微分積分なのかといったことをあらかじめ知っておく必要があるのです。

日本の教育システムの中で、法律を学習するのは基本的には大学で法学部に進学した学生のみです。中学校の社会科の授業で、憲法を少し学んだり、民法の親族の規定を少し学んだりということはありますが、法学部に進学しない限りは、腰を据えて法律を学ぶ機会がないというのが現在の日本の教育システムです。では、日本の教育システムで初めて法律が出てくる大学の法学部で、法律の基礎学習をするのでしょうか。答えは「ノー」です。もちろん、基礎学習に重点を置いている大学もありますが、一般的には「ノー」です。なぜなら、大学の教授とは「法律」という科目の最高位にいる方たちだからです。大学は、「最高学府」と言われるとおり、学問の最先端の場です。科学のノーベル賞が、大学の研究室から生まれることからもわかります。これは、「法律」という科目についても同様です。つまり、法学部も、その名のとおり「大学」なのです。そのため、「学説」という高度なものを学習し、定期テストなどでも学説の考え方を論ずることが要求されることがあります。

しかし、法律の基礎は、条文と判例（「判例」とは、最高裁判所の出した判決のことです。実務上、基本的には統一したルールとして扱われます）、その中でも特に「条文」なのです。条文があり、その条文の規定の仕方が不十分・不明確であることがあるため、判例で補い、解釈します。そして、学者の説（学説）が生まれてきます。

条文に何と規定されているかという基本がわかっていないにもかかわらず、学説を学習することは、足し算もできないのに微分積分の学習をするようなものです。

その基礎である条文（判例）を学習するのが、資格試験です。つまり、**資格試験の位置付けは小学校・中学校にあたります**。これは、司法試験の短答試験も同様です（司法試験と聞くと、ものすごく難しいことを問われると思いがちですが、現在の司法試験の短答試験で問われることは、基本的な条文及び判例がわかっているかがメインとなっています）。

学説も問われますが、それも学説の内容が示されたうえで考えるという問題が基本ですので、やはり中心は条文（判例）です。

大学レベルの学習をされたい方は、小学校・中学校レベルの基礎をきちんと身につけ、司法書士試験に合格した後にして下さい。

なお、小学校・中学校レベルと言っても、「小学生や中学生と同程度の勉強量で合格できるという意味ではありません」と申し上げたとおり、合格は容易ではありません。その原因は、〝量〟です。「法律」という科目の中では、小学校・中学校レベルなのですが、その量が膨大であるため、この試験が難しくなっているのです。

第2章

受験勉強全体を貫く理念

第1節

本書の理念 ――リアリスティック2

本書では様々な勉強法を提示しています。その方法論をご説明する前に、勉強法に始まる、試験攻略の戦略を立てる根幹となる考え方を本章でご説明します。

1 本番ですることとは？

本書に出てくる方法論の最も根本的な理念は、次のものです。

「覚える」ことではなく「思い出す」ことを考える

よく「人間は忘れる生き物だから、何度も覚え直さないといけない」と言われます。ここで言う「覚える」と「忘れる」という意味が問題となりますが、一般的な捉え方としては、「覚える＝脳に入れる」「忘れる＝脳から出ていく」となると思います。しかし、一度はお聞きになったことがあると思いますが、「人間の脳には、今までの記憶がすべて入っているが、それを取り出せないだけだ」という考え方があります。

どちらが正しいかはわかりませんが、少なくとも、私たちが実感しているようなペースで、脳に入れた知識が脳からこぼれていっているということはないと思われます。「気になっていたことが、あるきっかけによりフッと思い出せた」という経験は誰でもあると思います。

いずれにせよ、試験勉強の戦略を考えるにおいては、「忘れることから逃げるために、繰り返し覚える」という発想を採るよりも、「この知識を本試験（一般的に、資格試験では本番の試験のことを「本試験」と言います）の現場でどのように思い出そうか」という発想を採り、勉強法を考えていったほうがはるかに効率的です。**本試験で行わなければいけないことは、勉強した知識を思い出すこと**だからです。

よって、本書はこの考え方を理念として、記述を進めます。

なお、「人間の脳には、今までの記憶がすべて入っている」と記載しましたが、実際には、一生のうち数％の脳細胞が死滅しますので、記憶がすべて入っているということはないと思われます。しかし、死滅する脳細胞は必要のないものと考えられていますので、試験勉強で得た知識がここに入る可能性はかなり低いと思われます。

Column

年をとると記憶力が落ちる？

一般的に、年齢を重ねると記憶力が落ちると思われています。たとえば、6 歳の子と 60 歳の方が、「どちらが速く地下鉄の駅名を記憶できるか？」という勝負をした場合、6 歳の子が勝つのは明らかです。それでは、60 歳の方は、6 歳の子に比べて「知識を頭に入れる能力」が低くなっているのでしょうか。

私は、これは「思い出す能力」に差があるのだと考えています。どういうことかというと、6 歳の子も 60 歳の方も同じように地下鉄の駅名を「頭に入れること」はできるのですが、60 歳の方のほうが頭に多くの情報が入っています。10 倍も生きているから当然です。その頭の中には、その地下鉄の駅名だけではなく、多くの駅名が入っています。60 歳の方は、他の多くの駅名と区別しながら地下鉄の駅名を思い出さなければなりません。それに対して、6 歳の子は、今頭に入れた地下鉄の駅名のみを思い出せばよいのです。みなさんも、幼い頃に、意味もなく駅名などの単純暗記ができたという記憶があるかと思います。

つまり、**頭の中に入っている情報の量により、思い出しやすいかどうかが変わってくると考えられます**。

これを試験勉強に当てはめて考えてみます。試験において、単純な暗記競争となれば、若い方のほうが有利です。よって、年齢が上がれば上がるほど、思い出し方を工夫しなければならないということになります。そうしないと、頭の中に多数入っている他の情報と峻別できなくなります。逆に言うと、思い出し方を工夫すれば、若い方でなくても一発合格が可能です。若い方であっても、単純暗記だけで乗り切れる試験ではありませんので。

第2節

「『P→Q』→『Q→P』ではない」→「自分を勉強法に合わせる」

——リアリスティック3

1 動くのは自分

一般的には、「合格者の数だけ勉強法があるから、自分に合った勉強法を探せ」と言われますが、この考え方は間違っています。どういうことかというと、「合格者の数だけ勉強法があるから、自分に合った勉強法を探せ」というのは、「『PならばQ』であれば、『QならばP』である」と誤解させる手法を用いて、もっともらしく見せているのです。次の関係は、論理的に成り立ちません。

×『P→Q』→『Q→P』（『PならばQ』であれば、『QならばP』である）

具体例で考えてみましょう。「東京にいる」（P）ならば、「日本にいる」（Q）と言えます。しかし、だからと言って、「日本にいる」（Q）ならば、「東京にいる」（P）と言えるでしょうか。もちろん、言えません。隣県の神奈川にいるかもしれませんし、沖縄にいるかもしれません。

×『東京にいる→日本にいる』→『日本にいる→東京にいる』
（『「東京にいる」ならば「日本にいる」』であれば、『「日本にいる」ならば「東京にいる」』である）

「合格者の数だけ勉強法があるから、自分に合った勉強法を探せ」も、これと同じトリックなのです。「合格者がいる」（P）ならば、「その数だけ勉強法がある」（Q）と言えます。しかし、だからといって、「勉強法がある」（Q）ならば、「その数だけ合格者がいる」（P）と言えるでしょうか。もちろん、言えません。合格者の何十倍もの不合格者がいます。つまり、**合格する勉強法の何十倍もの不合格になる勉強法がある**のです。

✕『合格者がいる→その数だけ勉強法がある』→『勉強法がある→その数だけ合格者がいる』
（『「合格者がいる」ならば「その数だけ勉強法がある」』であれば、『「勉強法がある」ならば「その数だけ合格者がいる」』である）

運良く合格する勉強法が自分に合った勉強法であればよいのですが、不合格になる勉強法のほうがはるかに多いため、そちらを選んでしまう方が多いのが実情です。

私の目から司法書士試験及び受験生の方を見ると、次のページの図のように見えます。

この図が何を表しているかというと、「試験は動いていない」ということです。もちろん、出題方法などは毎年少しずつ変化するため、全く同一ではありませんが、基本的に試験は動きません。動くのは、受験生の方のほうなのです。毎年、この試験を目指して受験界に入ってくる方がいれば、

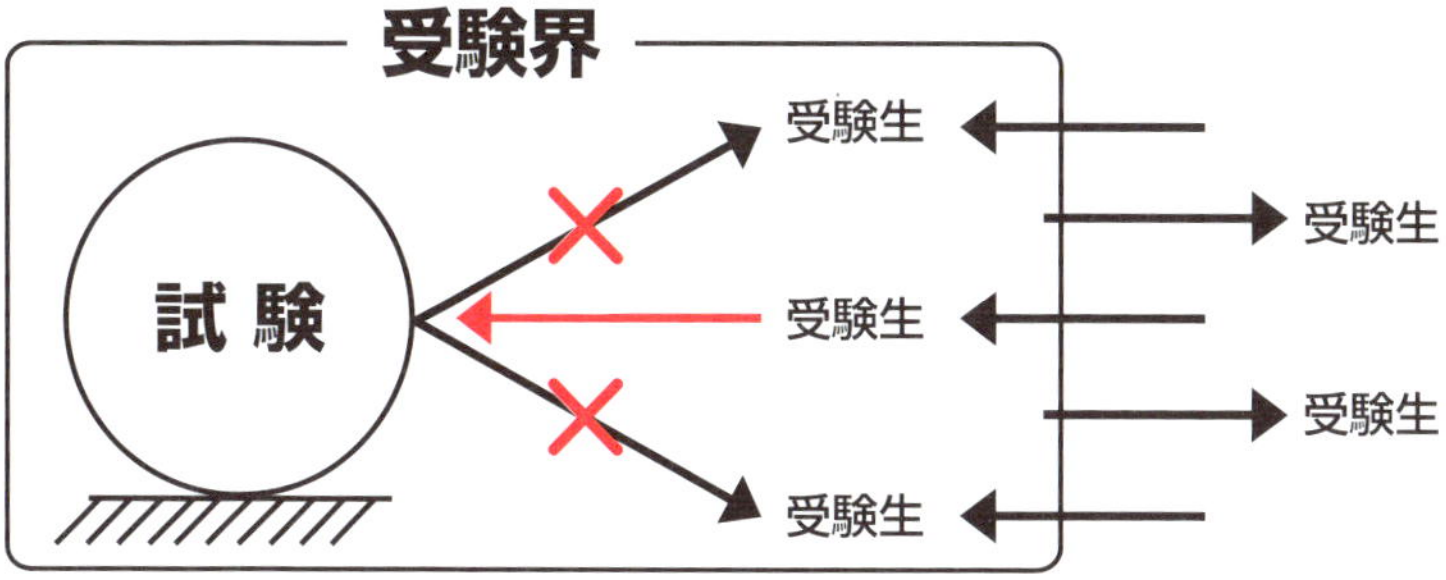

諦めて去って行く方がいます。受験生の方のほうは、毎年一定数が入れ替わっているのです。にもかかわらず、受験生の方が「自分に合った勉強法を探す」、つまり、「自分のほうに試験を持ってこようとする」ということには、全体を俯瞰《ふかん》して見ることができる私の立場からすると、違和感を覚えます。少し極端な例ですが、試験を自分に合わせようとすることは、夜中の2時に太陽を出そうとしているようなものです。日本時間の夜中の2時に太陽が見たければ、アメリカやヨーロッパに移動する、つまり、人間のほうが動くしかありません。太陽（試験）は動かせないのです。動くのは、人間（みなさん）のほうです。

よって、「自分に合った勉強法を探す」のではなく、「最短で合格できる勉強法に自分を合わせる」という考え方にして下さい。**動くのはみなさんのほう**です。そして、私は本書の勉強法が、現在受験界に存在する「最短で合格できる勉強法」だと考えています。もちろん、この方法論を採るかどうかの最終判断はみなさんご自身がされることですが、どの勉強法を選ぶにせよ、「最短で合格できる勉強法に自分を合わせる」という考え方で決めて下さい。決して、ご自身を中心に決めてはいけません。

2 受験生目線？

一般的には、「受験生の方の目線で話すことができる講師が、優秀な講師である」と言われます。しかし、私は受験生の方の目線でお話しするつもりはありません。このスタンスは、本書のような書籍だけではなく、講義・ガイダンス、ネットメディア、ホームページ（リアリスティック司法書士試験 http://shihousyoshi.sakura.ne.jp/）、ブログ（司法書士超短期合格法研究ブログ http://blog.livedoor.jp/sihousyosi_5month/）でも同様です。なぜなら、平均的な受験生の方が行き着くところは、「諦める」だからです。司法書士試験を目指した方の結末として最も多いのが、「何年か勉強はしてみたが、受かりそうにないので、試験勉強自体を諦める」というものです。つまり、平均的な受験生の方に合わせてしまうと、合格できない水準になってしまいます。

そこで、本書では、最短で合格する方の考え方を示す形で記載します。よって、「たまには休息が必要だから、1週間に1日くらいは全く勉強をしない日を作ったほうがよい」などという話は出てきません。受験生の方の平均的な目線に合わせれば、このような話が出てくることになりますが、**受験生の方の平均では合格できない**のです。

Column

多くの曖昧な知識よりも少ない確かな知識？

「多くの曖昧な知識よりも、少ない確かな知識を習得することを心がけるべきである」という言葉があります。たしかに、合格に不要な知識を入れると、本試験で思い出す時に、どの知識を思い出してよいかがわからなくなり、合格に必要な知識も思い出すことができなくなる恐れがあります。合格に不要な知識を入れないという点では、重要な考え方ですが、この言葉に意味があるのは“ それだけ ”です。**この言葉にそれ以上付き合ってはいけません**。場合によっては、合格圏外に押しやられる可能性を多分にはらんだ危険な考え方なのです。

どういうことかというと、この言葉は“ 逃げ ”として使われる可能性があるのです。合格に必要な知識は、みなさんではなく、試験が決めます。

しかし、試験当局が「○条～○条までと、この判例集に載っている判例を記憶すれば、受かりますよ」などと教えてくれませんので、必要な知識量は、予備校や講師がカコ問を分析し、決定します。それが、テキストです。よって、あるテキストを使用すると決めたのであれば、そのテキストに掲載されている知識及びテキスト未掲載のカコ問知識が、みなさんが習得するべき知識であると“ 決定 ”されます。それ以上であっても、それ以下であってもいけません。

私は講師ですので、自身が担当する『リアリスティック一発合格松本基礎講座』で使用する『Realistic Text』に掲載する知識は、すべて私が決定しています。

そこで、仮に「『Realistic Text』に掲載されている知識の半分に絞り、それは確かな知識としました。これで、合格できますか ?」と聞かれても、「無理です」と申し上げるしかありません。つまり、試験に必要な知識は、テキスト及びテキスト未掲載のカコ問知識ということで決定しています（予備校や講師が決めています）。それ以上であってもそれ以下であってもいけないということさえわかっていれば、「多くの曖昧な知識よりも、少ない確かな知識を習得することを心がけるべきである」という言葉には何の意味もありません。むしろ逃げを与えるだけですので、それ以上は一切考えないで下さい。

「多くの曖昧な知識よりも、少ない確かな知識を習得することを心がけるべきである」という甘い言葉に誘われて、逃げてはいけません。**逃げた人間が合格発表の日に笑っていられるほど、甘い試験ではありません**。

第3節

法律はメニュー　――リアリスティック4

1 制度を使う者の視点

試験勉強をしていく中で、様々な制度を学習します。その中には、類似した制度が多数あり、〝ある視点〟がないと、「なんでこんな同じような制度がいくつもあるんだろう?」と迷路に迷い込んでしまうことになります。

たとえば、会社法に「事業譲渡等」（会社法467条1項1号～4号）という制度があり、類似した制度として「合併」（会社法2条27号、28号）「会社分割」（会社法2条29号、30号）というものがあります。

これらは、テキストでは、「事業譲渡等をするには、特別決議が必要であるが、例外的に不要となる場合があり……」「合併をするには、合併に関する書面を本店に備え置く必要があり……」などと記載されており、主に事業譲渡等や合併などの手続を学習することになります。

しかし、学習をしていると「事業のすべてを譲渡する事業譲渡等をすれば、たしかに解散はしないけど、実質的に合併と同じようなものだよな」「事業の一部を譲渡する事業譲渡等をすれば、実質的に会社分割と同じようなものだよな」などという疑問が湧いてきて、何のためにこれらの制度があるのかがわからなくなります。なお、事業のすべてを承継させる会社分割もあります（会社法2条29号、30号）。

実は、このような疑問が湧く原因は、〝学習の対象として〟制度を見ているということにあります。もちろん、試験勉強ですから学習の対象となるのは当然ですが、時には、視点を変えて見てみるとわかってくることがあります。その視点とは、**制度を使う者の視点**です。たとえば、会社法を使う者のメインは、株式会社などの会社であり、専門家としては弁護士、司法書士、公認会計士、税理士などがいます。これらの者の目に、会社法の様々な制度はどのように映っているのかを考えることに意義があります。

といっても、おそらくみなさんの中で「株式会社の代表取締役である」などという方はそうはいないと思いますので、少し違う視点からアプローチしてみます。

みなさんは、税金を納めていらっしゃると思います。そして、多くの方が少しでも納める税金を少なくしたい、節税をしたいと考えていると思います。そこで専門家に相談する方法を選んだ場合には、通常は税理士のところに相談に行くことになります。その際に、「○○という減税制度を使って減税をして下さい」と相談に行くでしょうか。普通はそのような形ではなく、「節税をしたい」という目的を伝え、その方法は税理士に任せます。税理士の方向性も、実は同一です。税の専門家

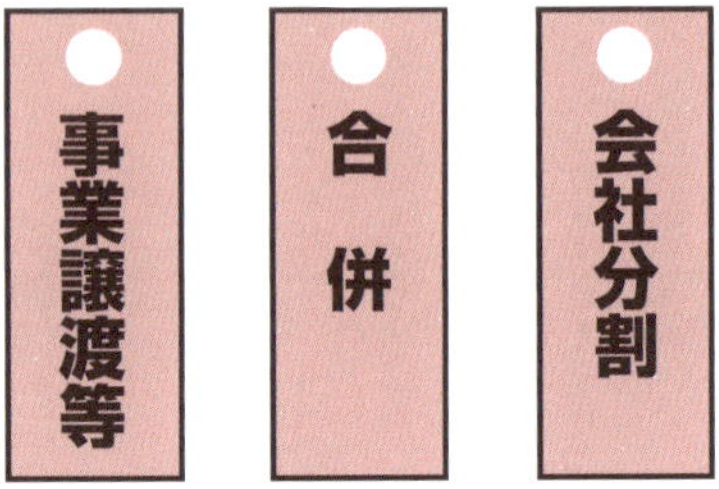

であるため、減税制度や方法は熟知していますが、目的は「お客様の節税」です。その目的のために、様々な減税制度や方法を駆使します。

会社法も、これと同じです。会社には、「事業譲渡等をしたい」「合併をしたい」などという目的があるわけではありません。目的は、「インターネット事業部門を行っているあの会社を我が社に取り込みたい」「引退するので、我が社の事業を他者に承継してもらいたい」などといったことです。まず、目的があります。そして、**会社法で用意されたメニューの中から最も目的を達成しやすいものを選んでいく**のです。

たとえば、「相手の会社の債務額が不透明なので、事業譲渡等によりインターネット事業部門のプラスの財産のみを承継する」「たしかに引退するが、息子がこの会社を使いたいと思うかもしれないので、解散してしまう合併ではなく、事業譲渡等により事業の全部を承継させる」などといった形で、目的達成に都合のよい制度を会社法のメニューの中から選んでくるのです。

Column

登記官・裁判官の視点

「制度を使う者の視点」ということで、会社、弁護士、司法書士、公認会計士、税理士などの例を出しましたが、もう1つ重要な者として、登記官や裁判官、つまり、審査する側の者を挙げることができます。試験勉強をしていると、審査される側にいる者の視点でしか考えないのが通常です。なぜなら、一般の方は審査される側の人間ですし、司法書士も基本的には審査される側の者であることには変わりはないからです。

しかし、**法律は審査する側の者にとっても非常に重要なもの**なのです。登記官や裁判官などの公務員が職務を行うには、法律上の根拠が必要となります。登記官や裁判官は、不動産登記法や民事訴訟法があるから、職務を行うことができるわけです。

たとえば、売買を原因とする所有権の移転の登記において、登記を申請する者は次の添付情報を提供しなくてはいけないと法令で規定されています。

- **登記原因証明情報**
- **登記識別情報**
- **印鑑証明書**
- **住所証明情報**
- **代理権限証明情報**

通常の試験勉強においては、これらの添付情報を“用意しなくてはいけない”という方向性で学習しますが、登記官からするとこれらの添付情報が“用意されていれば”登記を実行できるという、登記官の登記の実行という職務の根拠となっているわけです。

法律は登記官や裁判官も使い、その職務の根拠となるわけです。よって、登記官や裁判官にとっても、明確なものでなければならないことになります。このことは、頭の片隅において学習を進めて下さい。そうすると、初めて見えてくるものもあります。

第４節

点獲りマシーンになる ——リアリスティック５

1 「合格することだけを考える」とは？

突然ですが、既に試験勉強を開始している方は、次の問題の答えを考えてみて下さい。

①「瑕疵」という用語を漢字で書けるようにする必要があるか？
②「根抵当権」という漢字を読めるようになる必要があるか？

よく「無駄な学習を省き、試験で点を獲ることだけを考えるべきだ」と言われます。そのとおりなのですが、**忠実に実行できている方はほとんどいません**。その判断基準となるのが、①及び②の問題です。どちらかでも、「必要がある」と思われた方は、無駄な学習に時間を費やしている可能性があります。

①（「瑕疵」という用語を漢字で書けるようにする必要があるか？）について

司法書士試験において書けるようにする必要がある漢字は、基本的には不動産登記（記述）及び商業登記（記述）の申請書で使用するもののみです。これらは、記述式試験で記載を求められるからです。択一は、マークシート試験ですから漢字の記載が求められることがありません。他に漢字の記載が求められるのは、記述において1問か2問存在する（存在しない年度もあります）「理由等を書かせる問」です。「理由等を書かせる問」とは、記述式試験において、申請書の記載以外に付随的に問われることがある問です。しかし、「瑕疵」（法律上の欠陥、欠点。要は法律的に何かが欠けていること）という漢字が書けなくても、「○○が欠けているため」など別の表現で逃げることは可能です。

よって、司法書士試験合格のために、「瑕疵」を漢字で書けるようにする必要があるとは言えません。

なお、申請書で使用する漢字については別の表現で逃げるということは基本的に許されませんので、きちんと漢字で書けるようにする必要があります。

②（「根抵当権」という漢字を読めるようになる必要があるか？）について

独学にするか予備校を使用するか迷っている方から聞かれることがある質問に、「法律用語の読み方を間違ってしまうことがあるかもしれないので、不安です」というものがあります。しかし、司法書士試験の筆記試験において、漢字の読み方が問われることはありません。よって、根抵当権を「こんていとうけん」（正しくは、「ねていとうけん」です）と思っていても、先取特権を「せんしゅとっけん」（正しくは、「さきどりとっけん」です）と思っていても、筆記試験の点数には1点も影響がありません。

ただし、口述試験において「こんていとうけん」や「せんしゅとっけん」などと言うと、替え玉受験と疑われる可能性がありますので、筆記試験合格後には法律用語の読み方を記憶して下さい。

この話を聞いて、「法律というものを勉強しているのに、『瑕疵』が漢字で書けなかったり、『根抵当権』が読めなかったりするのは……」と思われた方は、まだ割り切りができていません。みなさんが、本試験までにすることは、**すべて本試験の点につながっていなければなりません**。もちろん、私は非常に各法律の本質的な理解や理由付けを重視しますし、本章第3節において記載したとおり、少し違った視点から制度を考えることも重要であると考えています。しかし、それらはすべて「そのほうが本試験で点を獲るうえで近道になるから」に他なりません。本質的な理解、理由付け、少し違った視点、すべてが**本試験で点を獲るという目的のための手段にすぎません**。

みなさんにそのような姿勢を身につけて頂くために、本書では、「点をとる」という記載をするときに、敢えて「取る」ではなく「獲る」という漢字にしています。みなさんには、本試験で点を獲るということだけを考える「点獲りマシーン」になって頂きたいと考えています。「マシーン」というと機械みたいで違和感を覚えるかもしれませんが、あくまで本試験までです。

2 肩書き・数字・結果

日本は、「肩書き・数字・結果」を重視し、それで人を判断することが非常に多い社会です。このようなことを書くと嫌悪感を持たれるかもしれませんが、〝事実〟です。日本の社会が、必要性からそのようなシステムになっているということに加えて、日本人が「肩書き・数字・結果」が非常に好きな民族であるということも理由の一つです。

たとえば、学歴。「学歴社会が終わった」などと言われることがありますが、そんなことは全くなく、日本は依然として学歴社会です。私が人に誇れるような学歴がないため、多少偏っていると思われるかもしれませんが、事実です。就職には、依然として高学歴のほうが有利ですし、「東大卒」「京大卒」「早稲田卒」などと言えば、それだけで「ある程度きちんとした人であり、一定程度の能力はあるんだろう」と思われます。

「肩書き・数字・結果」で人を判断することは、決して悪いことではありません。「もっと中身を見ろよ」と思われるかもしれませんが、見る人にそこまで人を見抜く能力がないことや、じっくりと見ている時間がないことなどから、仕方のないことです。みなさんも、私が司法書士試験に受かっているから本書を手に取って頂いたのだと思います。同じ内容でも、私がまだ受験生であれば、手には取られなかったと思います。

なお、「肩書き・数字・結果」で人を判断する社会がよいかどうかは、ここで議論することではありません。その是非がどうであれ、〝事実〟がそうなのです。みなさんは、徹底的に〝リアリスティックに〟考える必要があります。

よって、過程にこだわらず、点数を獲って下さい。合格点を獲って下さい。資格を獲って下さい。結果を出して下さい。それが、すべてです。

第5節

試験に強くなる ――リアリスティック6

1 試験に強い人

「肩書き・数字・結果」など、一般的には好まれない表現を用いましたが、そういったものが重要であるということは理解して頂けたかと思います。それらを掴むために、みなさんは試験に強くなって下さい。

ほとんどすべての試験に当てはまりますが、試験勉強においては、「試験に強くなる」ということを意識する必要があります。どういうことかというと、大抵どんな試験でもそうですが、知識量が同じであっても点数に思った以上の差が出るというのが試験というものです。知識量だけでは測ることのできない差が出てきます。それが、試験に強い人と弱い人との差です。

では、「試験に強い人」というのは、どのような人なのでしょうか。試験に強い人は、大きく次の二つの点において点を獲るのが上手いと言えます。

①普段の学習における費用対効果を考えている
②本試験で点を奪い取る能力が高い

①（普段の学習における費用対効果を考えている）について

これは、どの科目にどれくらいの時間をかけるかということ、及びその科目の中でどの分野にどれくらいの時間をかけるかということを指しています。試験に強い人は、常に本試験における〝点〟を考えています。つまり、**「ここを勉強したら、本試験でどれくらい点数が獲れるようになるのか」ということを常に考えています**。たとえば、いくら司法書士法の理解を深めたからといって、本試験で3点を超えてプラスになることはありません（司法書士法の出題は択一1問です）。そういったことが常に意識できているかということが、ここでの問題です。

たとえば、近年の司法書士試験において、多くの受験生の方がバランスを崩した学習をしているのが会社法・商業登記法です。この会社法・商業登記法で「マイナー分野」と勘違いされている分野が、「持分会社」及び「法人法（一般社団法人・一般財団法人がメイン）」です。会社法・商業登記法の学習は株式会社から始まり、テキストのページ数が多いのも株式会社であり、商業登記（記述）で出題されるのもほとんど株式会社であるため、「持分会社」や「法人法」の分野の重要性が低いと勘違いされています。しかし、これらはどちらもAランク（※）です。なぜAランクなのか、実際に出題実績を見てみましょう（比較のために、出題頻度が高いと考えられている「募集株式の発行等」の出題実績も記載します）。P64の表をご覧下さい。

※私は、分野や知識について、次のようにランク分けをしています。

・Aランク：非常に出題頻度が高い
・Bランク：出題頻度が高い。合格レベルの受験生の方は、このBランクまではほとんど全員の方が押さえている
・Cランク：出題頻度が低い。合格レベルの受験生の方の中で、押さえているかどうかに違いが出る。このCランクの正解率で合否が決まることがある
・Dランク：出題可能性がない又はほとんどない。捨てるべきもの

まず持分会社ですが、表をご覧頂いておわかりのとおり、数年に1回、午前択一又は午後択一で出題されないことがありますが、午前択一及び午後択一の双方で出題されることが多く、少なくとも午前択一又は午後択一のどちらかでは出題されています。つまり、毎年出ているのです。

続いて、法人法は平成24年度〜平成18年度で3問しか出題実績がありませんが、私は毎年1問出る分野と捉えています。なぜなら、法人法が出題範囲であると司法書士試験の募集要項に明記されたのが平成21年度の本試験からであり、平成21年度では出題されませんでしたが、平成22年度以降は毎年午後択一で1問出題されているからです。つまり、午後択一の指定席を取ったと言える論点です。

これらに対して、募集株式の発行等はどうでしょう。記述で出題されることもあり、一般的に持分会社や法人法よりも出題頻度が高いと思われている分野ですが、平成24年度〜平成18年度の7年

【持分会社及び法人法の出題実績】
（平成 24 年度～平成 18 年度）

	持分会社		法人法		募集株式の発行等	
	1. 午前択一	2. 午後択一	1. 午前択一	2. 午後択一	1. 午前択一	2. 午後択一
H24	第33問 合同会社	第34問 合資会社		第35問 一般財団 法人		
H23	第34問 持分会社 全般	第33問 持分会社 全般		第34問 一般社団 法人		第31問 添付書面
H22		第34問 合名会社 合資会社		第35問 一般社団法人 及び 一般財団法人		第29問 非公開会社の 取締役会 設置会社
H21	第31問 合同会社					
H20	第35問 持分会社 全般	第30問 持分会社の 種類変更			第29問 公開会社と 非公開会社 の比較	
H19	第34問 持分会社 全般	第35問 合同会社				第31問 添付書面
H18		第35問 持分会社 全般				

※会社法改正後の出題である平成18年度以降のデータのみを掲載しています
※出題がなかった年度は、斜線を引いています
※大問レベル（「第30問」など）の出題のみ掲載し、肢レベル（「ア」など）は掲載していません
※組織再編で持分会社が問われた場合など、他の分野で問われた場合については記載していません

間で出題されなかったことが3回もあります。

このような出題実績であるにもかかわらず、持分会社や法人法の学習時間をあまり取らず（法人法に至っては捨てている方もいらっしゃいます）、募集株式の発行等の学習に必要以上の学習時間を割いている方が多くいます。しかし、いくら募集株式の発行等を学習しても択一で積み上げられる点数は「3点」が限度です（平成24年度～平成18年度で午前択一及び午後択一の双方で、大問1問で出題されたことはありません）。よって、持分会社及び法人法の学習時間も必ず確保し、6～9点積み上げるという姿勢が試験に強い人の考え方です。試験に強い人は、普段の学習において常に費用対効果を考えています。ここで言う費用対効果とは、「これだけの学習をしたら何点上がるか」ということです。

※なお、「募集株式の発行等は、重要でない」という認識は持たないで下さい。募集株式の発行等は、平成20年度及び平成19年度の商業登記（記述）で出題されており、今後も商業登記（記述）において出題が予想される重要論点です。

②（本試験で点を奪い取る能力が高い）について

本試験において、ほとんどの肢（択一の「ア」や「イ」など選択肢の一つひとつのことを「肢」と言います）の正誤を自信を持って正確に判断でき、危なげなく合格できればそれに越したことはありませんが、そんなことはほとんどありません。我々講師が本試験の問題を解いても、「これどっちだったっけな～」「こんな判例は見たことないな～」ということがあります。そのような場合、

【問題】

司法書士及び司法書士法人に関する次のアからオまでの記述のうち、**正しいもの**の組合せは、後記1から5までのうちどれか。

なお、各記述の司法書士法人の主たる事務所と従たる事務所の管轄は異なる。

ア　（省略）
イ　（省略）
ウ　（省略）
エ　司法書士法人の従たる事務所のみについて懲戒事由が発生したとき、主たる事務所の所在地を管轄する法務局又は地方法務局の長は、当該司法書士法人に対して懲戒処分を下すことができる。
オ　司法書士法人の主たる事務所のみについて懲戒事由が発生したとき、従たる事務所の所在地を管轄する法務局又は地方法務局の長は、当該司法書士法人に対して懲戒処分を下すことができる。

1　アウ　　2　アエ　　3　イウ　　4　イオ　　5　エオ

つまり、自信を持って「これが正解だ」と判断できない時に差が出てくるのが、「本試験で点を奪い取る能力」です。このように、**確実に自分のところに持ってこられない点を何とかして持ってくる**というものなので、「奪い取る」と表現しています。

ここで一つ、この②の能力が優れている方の思考過程を示します。上に挙げた問題の肢エと肢オの正誤を考えてみて下さい。司法書士法を学習したことがない方のほうが既存の知識を使わずに考えられますが、学習したことがある方も、既存の知識で考えようとせず、肢同士の関係で考えてみて下さい。

試験に強い人であれば、肢エと肢オが「対になっている」ということがわかります。赤字に

エ　司法書士法人の**従たる事務所**のみについて懲戒事由が発生したとき、**主たる事務所**の所在地を管轄する法務局又は地方法務局の長は、当該司法書士法人に対して懲戒処分を下すことができる。

オ　司法書士法人の**主たる事務所**のみについて懲戒事由が発生したとき、**従たる事務所**の所在地を管轄する法務局又は地方法務局の長は、当該司法書士法人に対して懲戒処分を下すことができる。

ポイントを抽出

エ　従たる事務所の懲戒事由	←	主たる事務所のほうの法務ナントカの長が懲戒処分とかいうものをする
オ　主たる事務所の懲戒事由	←	従たる事務所のほうの法務ナントカの長が懲戒処分とかいうものをする

なっている箇所が、肢エと肢オの相違点です。

「主たる事務所」と「従たる事務所」のみを入れ替えただけであり、あとの文言は同じです。このように対になっている肢の場合、〝異なる点〟がポイントになることがほとんどです。司法書士法の知識がないという前提で、そのポイントを抽出すると上に挙げたようになります。

試験に強い人は、このように肢同士の違いを抽出することができ、そして、次のページのような思考過程をたどって、肢エが正しく、肢オが誤っているのではないかという結論を出します。

「肢エと肢オは対になっているから、どちらかが正しく、どちらかが誤っているんだろう」
←
「異なっている部分は二つしかないわけだから、そこがポイントになるんだろう」
←
「比べると、『主たる』ってあるから『主たる事務所』のほうの法務ナントカの長のほうが、『従たる事務所』のほうの法務ナントカの長のほうよりも強そうだな」
←
「肢エが正しく、肢オが誤っているんだろう」

司法書士法の知識のない試験に強い人に、この問題を出すと、かなりの確率でこのような結論に至ります。正解です。法的には、次のページに挙げた司法書士法の条文が根拠となります。

司法書士法48条は、1項が主たる事務所の所在地を管轄する法務局又は地方法務局の長がする懲戒について、2項が従たる事務所の所在地を管轄する法務局又は地方法務局の長がする懲戒について定めています。比較して頂くと、2項には「当該違反が当該従たる事務所に関するものであるときに限る」というただし書がありますが、1項にはこのようなただし書がありません。つまり、主たる事務所のほうの法務局又は地方法務局の長には制限がかからないが、従たる事務所のほうの法

【司法書士法 48 条（司法書士法人に対する懲戒）】

1　司法書士法人がこの法律又はこの法律に基づく命令に違反したときは、その主たる事務所の所在地を管轄する法務局又は地方法務局の長は、当該司法書士法人に対し、次に掲げる処分をすることができる。

一　戒告

二　2年以内の業務の全部又は一部の停止

三　解散

2　司法書士法人がこの法律又はこの法律に基づく命令に違反したときは、その従たる事務所の所在地を管轄する法務局又は地方法務局の長（前項に規定するものを除く。）は、当該司法書士法人に対し、次に掲げる処分をすることができる。ただし、当該違反が当該従たる事務所に関するものであるときに限る。

一　戒告

二　当該法務局又は地方法務局の管轄区域内にある当該司法書士法人の事務所についての2年以内の業務の全部又は一部の停止

務局又は地方法務局の長には制限がかかるということです。

このようなこと（この例は一例にすぎず、他にも多数のパターンがあります）ができるかが、確信をもって選択肢を絞り込めなかった時に正解にたどり着けるかに関わってきます。本書の至るところに、試験に強くなるヒントがありますので、みなさんは、本書を通じて試験に強くなって下さい。

Column

原付免許の試験さえ不合格

この話を聞いて、「そんなこと、生まれつき試験に強いやつだけができるんだよ」と思った方もいると思います。たしかに、このようなことを何の訓練もせずにできる方は、生まれつきセンスが良い人であると言えるかもしれません。

しかし、少なくとも私は、生まれつき試験に強い人間ではありませんでした。その証拠に、かつては、原動機付自転車免許（いわゆる「原付免許」）の筆記試験（○× の 50 問の試験）さえ不合格になるようなレベルでした。しかも、丸 2 日程度勉強をしてでの不合格です。つまり、元は試験に弱い人間だったのです。それでも、正しい方法論を採ることにより、試験に強くなりました。

よって、試験に強いかどうかは、決して先天的なものだけで決まるわけではないということは、知っておいて下さい。

第3章

どれくらいの努力を積み上げれば受かる試験なのか？

第1節

合格までに必要な勉強時間

1 3000時間必要?

法律知識ゼロから始めて、司法書士試験に合格するために必要な勉強時間は、一般的には「3000時間」と言われることが多いです。たとえば、専業受験生の方（仕事をされていない、又はそれに近い方）が本試験の10か月前に学習を開始した場合には、1日の勉強時間は、10時間は必要であるということになります（10時間 × 300日 = 3000時間）。

しかし、本書の方法論を採って頂くのであれば、その時間が**「2000時間」までは減少**します。なお、ここで言う勉強時間は、「それだけ勉強すれば必ず合格する」というものではありません。勉強はその内容・質が重要ですので、時間を取ったからといって合格するわけではありません。それでは、なぜ「3000時間」「2000時間」などという数字を示したのか。それは、「今から学習を開始して、次の本試験に間に合うのかという目安」にして頂きたいからです。3000時間、2000時間勉強したからといって合格できるというわけではありませんが、ある程度の勉強時間を確保しなければ合格できないのも事実です。

本書のタイトルに「5ヶ月合格」という文言がありますが、実際に本書を手に取って頂いた時が本試験の5か月前であるという可能性のほうが少ないと思われます。そこで、これから試験勉強を

① 専業受験生の方

Ⅰ　本試験の１年前から学習を開始する場合

2000 時間 ÷ 365 日 ＝ 5.48 時間 /1 日

Ⅱ　本試験の５か月前から学習を開始する場合

2000 時間 ÷ 150 日 ＝ 13.3 時間 /1 日

② 兼業受験生の方

Ⅰ　本試験の１年前から学習を開始する場合

2000 時間 ÷ 52 週(※1) ＝ 38.5 時間 /1 週

→ 平日３時間 × ５日 ＋ 休日 12 時間 × ２日(※2)

Ⅱ　本試験の５か月前から学習を開始する場合

2000 時間 ÷ 21 週(※1)＝ 95.2 時間 /1 週

→ 2000 時間確保することは不可能

※1　小数点以下は切り捨てています
※2　週休2日の会社員の方を想定しています

開始しようと思われている方は、次の本試験までに何時間確保できるのかを試算してみて下さい。

ご参考までに、いくつかの例を示します（上に挙げた例をご覧下さい）。

専業受験生の方と兼業受験生の方（仕事をされている方）で、計算方法が異なります。ここで、勉強計画を立てる基本的な考え方をご説明します。専業受験生の方と兼業受験生の方で、次のように分けて考えて下さい。

①専業受験生の方→日単位で考える
②兼業受験生の方→週単位で考える

専業受験生の方は基本的にどの日も同じ時間勉強することが可能ですので、「本試験まで◯

日」として本試験までの日数を「〇日」で割っても1日の勉強時間は一定になります。それに対して、兼業受験生の方は仕事のある日とない日で勉強に使える時間が大幅に異なります。よって、「本試験まで〇日」として本試験までの日数を「〇日」で割ってしまうと、1日の勉強時間が一定になりません。そこで、「本試験まで〇週」として本試験までの日数を「〇週」で割って下さい。「土曜日と日曜日が休み」「木曜日と日曜日が休み」「曜日は週によって異なるが、1週間に2日間が休み」など、大抵の仕事は1週間で区切ると勉強に使える時間が一定になります。

続いて、内容を見ていきます。

①の専業受験生の方の例

まず専業受験生の方ですが、Ⅱの本試験の5か月前から学習を開始した場合、1日に13～14時間勉強できれば、本試験までに2000時間確保することは可能です。

なお、Ⅰの1年前から学習を開始する場合の勉強時間が「1日5・48時間」となっていますが、これはあまりに少ないので、最低でも1日10時間程度は勉強するようにして下さい。本節の冒頭でご説明しましたとおり、「2000時間勉強すれば必ず合格する」というものではありません。私が受験生だった頃は、1日17～20時間程度勉強していました（20時間勉強した日はわずかですので、平均すると1日18時間程度でした）。**体調を崩さない限り、勉強時間に「やりすぎ」というものはありません**ので、制限を設ける必要はありません。

②の兼業受験生の方の例

こちらはかなり余裕がないことがわかります。Ｉの1年前から学習を開始した場合では、平日の勉強時間が3時間、休日に至っては12時間となります。平日の3時間というのも、日本の普通の会社員の方ですと、楽な数字ではありません。日本の企業は非常に拘束時間が長いので、机に向かって3時間確保することができない方も多いと思います。よって、移動時間や昼食の時間などをかき集めて何とか3時間ということになるかと思います。

本試験の５か月前から学習を開始する場合ですが、兼業受験生の方ですと２０００時間確保することは不可能であると思います。能力の高い方は、１５００時間程度の学習時間で合格される方も（かなり少数ですが）いますので、５か月前から始めて合格することが絶対に不可能であるとは言えませんが、非常に厳しいので、通常はその次の年度の本試験を目指すことになります。

前記の例は、あくまで私がいくつかのパターンを示したにすぎません。本書をお読みの方には、「本試験まであと7か月ある」「週3回のパートの仕事をしている」など、様々な状況の方がいらっしゃると思いますので、前記の計算例をご参考にして頂き、ご自身の状況に合わせて試算してみて下さい。

2 兼業受験生の方の覚悟

前記の「兼業受験生の方が本試験の1年前から学習を開始する場合」においては、1週間の学習時間が38・5時間となり、平日3時間・休日12時間という例を出しました。この学習時間を確保すると、仕事と勉強以外のことをする時間はほとんどなくなります。趣味やテレビなどの娯楽の時間がないことは当たり前ですが、休日にお子さんを遊園地に連れて行ったり、旅行に行ったりという家族サービスもできなくなります。「家族に迷惑をかけないといけないの？」と思われるかもしれませんが、そのとおりです。**「仕事をしながら、家族サービスもして短期で合格する」などということは、普通の人には不可能**です。よって、（仕事を辞めることはできないでしょうから）ご家族に協力してもらうしかありません。

「仕事と勉強だけするなんて、そんなに簡単ではない」「家族サービスを諦めろと言うが、うちの家庭の事情なんてわかっていないだろ」と思われるかもしれません。それも、そのとおりです。しかし、私の仕事は、現実を示し（リアリスティック）、みなさんに合格してもらうことですので、厳しいとわかっていても申し上げざるを得ません。兼業である、家族サービスをしないといけないという理由で、本試験においてハンデを付けてもらえるなどということは一切ありません。第2章第2節でご説明しましたとおり、**みなさんが試験に合わせるしかない**のです。

試験に合わせて下さい。

第2節

長時間勉強するには
——リアリスティック7

「質の高い」ということが大前提になりますが、やはりできる限り多くの勉強時間を取って頂きたいところです。よって、本節では「長時間勉強するための方法」を、テクニックの面からご説明します。

1 潜在意識を意識する
——潜在意識を意識することによって、潜在意識を形成して下さい——

「潜在意識」とは、19世紀にオーストリアの心理学者フロイトが発見したと言われているものです。心理学者や心理学を学んでいる方にとっては、人間に潜在意識が存在するのは当たり前とされています。

それでは、潜在意識とはなんなのでしょうか。意外と知られていないものなのですが、私たちの1日の行動の90％以上は潜在意識によるものだと考えられています。

たとえば、ご自身の通常の1日の行動を考えてみて下さい。ここでは、男性会社員の方の例でご説明します。

（ある男性会社員の方が起床してから会社へ着くまで）

起床→ヒゲを剃る→顔を洗う→朝食を摂る→スーツに着替える→歯を磨く→髪型を整える→自宅の最寄り駅まで歩いて行く→いつもどおり前から3両目の車両に乗車する→会社の最寄り駅から会社まで歩いて行く

女性の方であれば、「ヒゲを剃る」がなくなり、自宅を出る前に「化粧をする」ということが加わるでしょうか。

順番や内容に多少の違いはあるでしょうが、この例のように、毎日決まった行動を決まった順番でされていると思います。そして、それは**特に意識せずにできている**と思います。「この道を通って自宅の最寄り駅まで行こう」「前から3両目の車両に乗るためには、駅のこの階段を上らないといけないな」などと意識せずに、いつもどおりの行動ができるでしょう。

しかし、これは実はすごいことなのです。初めてその街に引っ越して来た時に、何の意識もせずに最寄り駅まで行くことはできませんし、初めて利用する駅で、何の意識もせずに前から3両目の車両に乗ることはできません。では、なぜこのようなことができるようになるのでしょうか。その答えが、人間に「潜在意識」があるからなのです。

潜在意識とは、わかりやすく言うと「無意識」のことです。みなさんは、無意識で「最寄り駅まで行く」「前から3両目の車両に乗る」ということができると思います。初めは無意識でできなかったこれらのことが、無意識でできるようになる理由は、**潜在意識に行動の後追いをするという性質があるから**です。潜在意識には、生得的な（生まれながらに備わっている）ものもありますが、自分で形成したものも多くあるのです。その形成方法の一つに、「行動の後追いをする」という潜在意識の性質があります。先ほどの例で言えば、「毎日、最寄り駅まで同じ道を通って行っている」「毎日、前から3両目の車両に乗っている」という行動を繰り返すため、それが潜在意識に刻み込まれ、特に意識せずとも「最寄り駅まで行く」「前から3両目の車両に乗る」ということができるようになるのです。

この潜在意識を「長時間勉強するため」に使って下さい。と言われても、どのように使えばよいのか困ると思いますので、次のように使って下さい。

①1日の初めに机に向かった時に最初に行う作業を決める
②最初の1か月は無理をする

①（1日の初めに机に向かった時に最初に行う作業を決める）について

勉強をしようと思って机に向かっても、すぐに勉強を始めずに「パソコンでネットサーフィンをしてしまった」「携帯でメールをしてしまった」などという経験はありませんでしょうか。私も、昔はこのようなことが多かったです。場合によっては、机に向かって勉強を開始しないまま10分や20分経過してしまったなどということもありました。**机に向かってすぐに勉強を始められないのは、頭を勉強モードに切り替えるスイッチを決めていないことが原因**です。「スイッチ」とは、勉強をするために机に向かった時に毎回必ず行うことです。

このスイッチは人によって違いますが、一例を挙げると、「勉強を開始する前に、ウェットティッシュで机の上を軽く掃除する」という方がいます。毎日、「ウェットティッシュで机の上を軽く掃除する→勉強を開始する」という過程を繰り返しているうちに、「勉強を始めよう」と意識せずとも、ウェットティッシュで机の上をふけば勉強を始められるようになります。この方の場合には、ウェットティッシュで机の上をふくことが頭を勉強モードに切り替えるスイッチなのです。これが、潜在意識が行動の後追いをするということの一例です。

実は、これは野球のイチロー選手も取り入れている方法です。イチロー選手が、「打席に入る前に屈伸をして、打席に入るとバットを一回転させる」という一連の動作をご覧になったことがあるかと思います。あの一連の動作は、イチロー選手の集中に入るためのスイッチなのです。

このように、潜在意識に基づく頭を切り替えるスイッチは、様々なところで使われています。先ほどの例に出てきた、ウェットティッシュで机の上をふくなどということをスイッチにして頂いても構わないのですが、私がみなさんにお薦めするスイッチは「シャドウイング」です。シャドウイングについては、第5章第4節**3**でご説明しますが、これは音声データを流すことにより強制的に開始することができますし、学習効果も高いので最もお薦めできるスイッチです。

②(最初の1か月は無理をする)について

ここまで潜在意識の説明をお読み頂いたことにより、潜在意識の効果をおわかり頂けたのではないかと思います。そこで、その効果をおわかり頂いたうえで、試験勉強を開始してから**最初の1か月間は無理をして下さい**。たとえば、「1日15時間程度は勉強する」(兼業受験生の方は休日のみ)と決めたのであれば、最初の1か月間は無理をして1日15時間勉強して下さい。ご説明しましたとおり、潜在意識は行動の後追いをします。つまり、**行動を先に持ってくる必要がある**のです。何の説明もなく、ただ「本試験まで1日15時間勉強して下さい」と言われれば、先が見えず気が重くなってしまいます。しかし、人間には潜在意識がありますので、1か月ほど1日15時間の勉強を継続していれば、それが〝習慣化〟されます。そうすると、長時間の勉強が苦痛でなくなり、当たり前のルーチンワークになります。実際には、2～3週間程度で習慣化できる方も多いのですが、余裕を持って1か月間としています。

私は、受験生時代は1日17～20時間程度勉強していたのですが、この話をすると大変驚かれます。私のことをものすごく勤勉で根性のある人間のようにおっしゃって頂くことが多いのですが、全くそんなことはありません。高校生時代は、1限目は出ないと決めて、2限目が1限目であるという訳のわからないルールを勝手に作っていた時期があったほどです。そんな私でも、1日17～20時間程度の勉強をこなせるようになり、今も1日17時間程度仕事ができているのは（本書も1日17時間程度パソコンに向かうことによって書いています）、「1か月程度無理をしておけば、潜在意識に刻み込まれるだろう」という予測がついていたからです。案の定、私にはそれが当たり前になりました。

このように、この構造を知ったうえで、1か月間無理をするということを最初にするかどうかが、長時間の勉強が苦にならない受験生になることができるかどうかの〝**分岐点**〟になります。**意識的に行動することによって、無意識（潜在意識）を形成して下さい**。

2 比較衡量

——欲が出てきた度に比較衡量をして下さい——

「比較衡量」は、憲法という科目を勉強していると出てくる用語ですが、これは、訴訟において憲法問題を判断するにあたって最高裁判所が使うことが多い違憲審査基準です。違憲審査基準とは何であるかは、憲法で学習しますので詳しい説明はそちらに譲りますが、簡単に言うと最高裁判所が憲法問題を判断するにあたっての〝ものさし〟です。厳しいものさしを使うと違憲判決が出やすくなり、緩いものさしを使うと違憲判決が出にくくなります。

「比較衡量論」は、次のようなものさしであると定義できます。

比較衡量論

人権を制限することにより得られる利益（公の利益）と、人権を制限しないことにより維持できる利益（私の利益）を比較し、人権を制限することにより得られる利益（公の利益）の価値が高いと判断できるときには、人権を制限することが合憲であるとする基準

一見すると難しく感じるかもしれませんが、要は「比べる」ということです。人権の制限により得られる「公の利益」と、人権の制限をしないことにより維持できる「私の利益」を比べることによって、規制が憲法に反するかどうかを判断します。これは使い勝手の良いものさしなので、最高裁判所が使うことが多い基準です。

みなさんの中にも、この基準をものさしとして入れて下さい。人間ですから、試験勉強を始めて

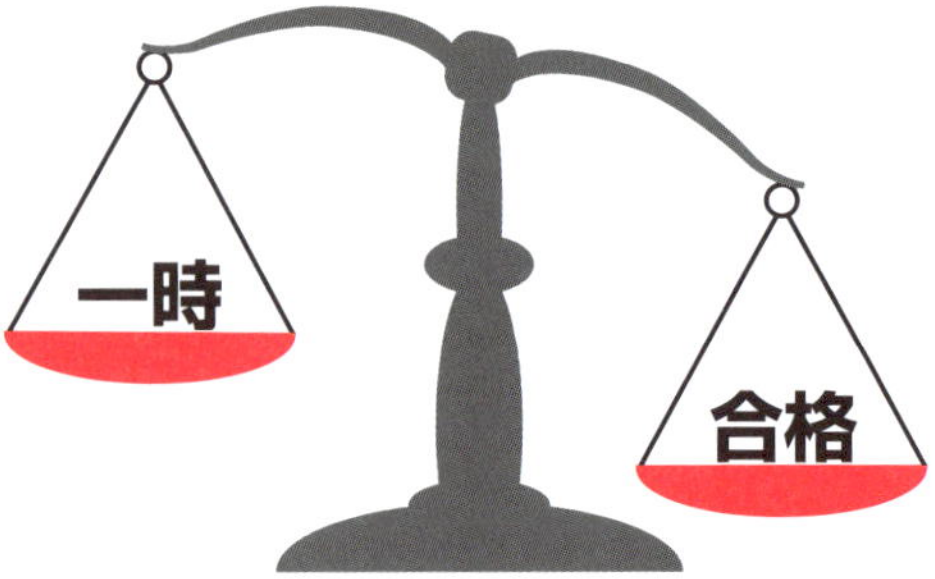

から本試験まで、勉強と（兼業の方は）仕事以外にも、数々のしなければならないこと又はしたいことが出てきます。その際に、安易に勉強又は仕事以外のことを優先するのではなく、必ず次のような「比較衡量」をして下さい。

勉強又は仕事以外のことを優先することにより得られる利益（ex：一時の楽しさ）と、勉強又は仕事以外のことを優先しないことにより維持できる利益（合格可能性の増加）を比較し、勉強又は仕事以外のことを優先することにより得られる利益の価値が高いと判断できるときには、勉強又は仕事以外のことをするという基準

勉強又は仕事以外のこと、たとえば、テレビを観れば一時の楽しさは得られますが、その分だけ合格する可能性が減少します。テレビのリモコンに手をかける前に必ず比較衡量をして下さい。そうすれば、勉強又は仕事以外のことを優先するということはなかなか起きないと思います。つまり、みなさんの頭の中に常に上の図のような〝ものさし（基準）〟を作って頂き、毎日何回もそのものさしで判断して頂きたいのです。その**判断の回数は、数百回から数千回になる**と思われます。

なお、必ずしも勉強をすることが勝つとは限りません。たとえば、上司に飲みに誘われた、子供の運動会を観に行かないといけないなどということであれば、勉強よりも優先する必要性があると思います。必ずしも勉強を選択する必要はありませんが、「ものさしにかける」ということをしたうえで、判断して下さい。

なお、「勉強又は仕事以外のことをしたからといって、必ずしも不合格になるわけではない」と思われた方もいると思います。そのとおりです。たしかに、合格の可能性は少し低くなりますが、それだけで即座に不合格になるということではありません。適度に趣味などを楽しんだうえで、合格するということも可能であり、そういった方もいらっしゃいます。

つまり、どちらを選ぶかは、リスクをどれだけ負うかということなのです。勉強又は仕事以外のことをすれば、不合格になるリスクが増えます。しかし、合格できるかもしれません。そのリスクをどれだけ負うかの判断は、みなさんにお任せします。

3 こまめな休憩と作業

1 こまめな休憩

次の二つの休憩間隔、どちらの効率が良いでしょうか。

①2時間45分勉強→15分休憩

②55分勉強→5分休憩→55分勉強→5分休憩→55分勉強→5分休憩

よく「人間の集中力は長時間持たないので、こまめな休憩を適度な間隔で入れることが重要である」と言われます。これは、そのとおりです。答練、模試、年度別のカコ問、そして、もちろん本試験においては、2~3時間集中力は持続しますが、テキストがメインとなる普段の学習において2~3時間集中力を持続させられる方はほとんどいないと思われます。よって、①と②は3時間のうちの勉強時間は同じですが、①よりも②のほうが効率が良いという場合がほとんどです。数時間勉強し15~30分の休憩時間を取るというスタイルではなく、5分程度の休憩をこまめに入れるというスタイルのほうが効率が良くなります。

なお、②は「55分勉強→5分休憩→55分勉強→5分休憩→55分勉強→5分休憩」と等間隔の例にしましたが、このように等間隔にする必要はありません。5分程度の休憩は、「脳が疲れてきたら」入れて下さい。体のほうが正直であり、集中力が切れてきたらサインを出します。それが、「脳が疲れてきた」というものです。脳が疲れてきたかどうかは、主に〝違うことを考えてしまうかどうか〟で判断して下さい。テキストを読んではいるが趣味のサッカーのことを考えてしまうなどという症状が出てきた場合には、無理をして机に座っていても効率が落ちた勉強を続けるだけですので、5分程度の休憩を入れて下さい。

このような理由から、たとえば、「75分勉強→5分休憩→35分勉強→5分休憩→55分勉強→5分休憩」のような間隔になっても構いません。おそらく、午前中のほうが集中力が高いでしょうから、午前中は「90分間集中力が続いた」などということがあると思います。その場合は、90分間勉強し、5分程度の休憩を入れて下さい。それに対して、夜になってくると集中力が落ちるでしょうから、「30分間しか集中力が続かなかった」などとなることも多いと思います。その場合は、無理をせず5分程度の休憩を入れて下さい。

最後に5分程度の休憩の中身ですが、これはお好きなもので構いません。音楽を聴く、短い動画を観る、外の空気を吸いに行くなどといったところが代表的でしょうが、ご自身がリラックスできるものを選んで下さい。

2 作業

集中力が切れてきた時にすることとして、「こまめな休憩を入れる」という方法以外に、「作業を入れる」という方法もあります。「作業」とは、頭を使わなくてもできるもののことです。

たとえば、テキストや過去問集などを使いやすくするために付箋を貼ることや、後ほどご説明する情報の一元化などが、この「作業」にあたります。第6章でご説明しますが、情報の一元化はするべきではありませんので、ここでは付箋を貼るというほうでご説明します。テキストなどに付箋を貼っても、それだけでは1点も上がりません。しかし、何度も参照するテキストに付箋を貼っておけば、「目次を見る → 該当箇所を探す」などという作業が省けますので、その後の学習の効率化になります。

このように、「それだけでは点数につながらないが、試験勉強をしていく中で必要なこと」を作業と考えて下さい。作業は、集中力の高い時にするべきではありません。たとえば、朝起きて机に向かって真っ先にテキストに付箋を貼るなどということは、避けて下さい。作業は、集中力が落ちてきた時の調整に使って下さい。これは、頭を使わずにできるという点もありますが、息抜きの効果もあります。物を自分で加工して使いやすくするということが好きな人は多いからです。

なお、私もこの方法を採り入れて長時間仕事をしています。たとえば、本書の原稿を書いている時（私にとっては「今」）もそうです。文章を考えパソコンで打ち込んでいる時は、当然頭を使います。しかし、文章を考えていても、大抵は1時間も持ちません。そうなった時に、前記1でご説明した

「こまめな休憩を入れる」ということもするのですが、この「作業をする」ということもあります。

たとえば、本書には表や図が出てきますが、それらを作成することが作業にあたります。本書で示している表は基準点の情報などですので、頭を使うものは少なく、この作成は作業にあたります。また、図についても、芸術家が絵を描くなどというレベルとは似ても似つかないものですので、作業にあたります。

これらの作業も挟むことにより、本書の原稿を書いています。こういったことをしない限りは、1日中パソコンに向かって原稿を書き続けるなどということはできません。

第3節

精神論も重要

本章第2節では、長時間勉強するためのテクニックをご説明しました。しかし、やはり精神論も重要です。普通の人とは違った、普通の人から見れば常軌を逸した努力をしなければ、司法書士試験のような難関資格に合格することは難しいのです。それは、本章第2節のようなテクニックを使用したとしても、同様です。よって、本節では最後に精神論について記載します。

1 マイナス要素はカギになる ——リアリスティック8

コンプレックスなどのマイナス要素は、合格への気持ちを高めるうえで大きな武器となります。私も、ここでは挙げられないほど、コンプレックスがあります。みなさんが私のようにコンプレックスがあるとは限りませんが、**現状に何か不満があるから**、この試験を目指そうかと考えている方が多いと思います。たとえば、「毎日同じ空間にいることに限界を感じている上司から早く解放されたい」「いくら頑張って仕事をしても、手を抜いている他の社員と同程度の評価しかされない」「このまま月収12万円の生活を続けるわけにはいかない」など、人によって様々なものがあると思いますが、これらはすべてみなさんの大きな武器となります。

よって、事あるごとにマイナス要素、現状を変えたい要因（この試験を目指そうと思ったきっかけ）を思い出して下さい。それが、最大の原動力となります。

2 努力は必ず報われるのか？ ――リアリスティック9

――努力は必ず報われるのか――

様々な分野で頻繁に議論される問題です。「努力は必ず報われる」という人がいると、「それは、あなたが成功したから言えるんだ」という声が必ず出てきます。たしかに、そのとおりです。成功した人は、それが自身の努力の成果だと思っていますし、それは事実でもあります。そして、他人も同様の努力をすれば、自分と同様の結果が出せると思っています。

しかし、もちろん、そんなことはありません。人は生まれ持った能力も異なりますし、環境も運も異なります。同じだけの努力をしたからといって、同じ結果が出せるとは限りません。そのため、私は、「司法書士試験は、努力すれば必ず誰でも合格できる試験である」と申し上げたことは一度もありません。特別な能力を問う試験ではなく、主に知識量がものをいう試験なのでこのように言われますが、「努力すれば必ず誰でも合格できる」とは言えません。私や他の合格者の方は、その知識量を身につけることができました。そして、ほとんどの方は、正しい努力をすれば身につけられますが、どんなに正しい努力をしても身につけることができない方もいます。

つまり、努力は必ず報われるわけではありません。それは、間違いありません。しかし、次のことも事実です。

・成功した人は、常人の想像を超えた努力をした

・「努力は報われない」と言っている人のほとんどが、報われるだけの努力をしていない

また、私は次のように思っています。

・成功した人には、成功した理由がある

・成功しなかった人には、成功しなかった理由がある、又は成功する前に止めてしまった

私には、「日本一の司法書士試験講師になる」という目標があり、それが今の私の目指している〝成功〟です。みなさんの今の成功は、司法書士試験に合格することだと思います。努力は必ず報われるわけではありません。それでも、その成功に向けて努力しますか。

私は努力します。

第4章

本試験までたどり着くための「ノルマ達成の発想」

第1節

ノルマ達成の発想
――リアリスティック10

1 ノルマ達成の発想とは？

勉強計画を立て、それを日々の勉強で実行していく中で、最も重要となる考え方が、「ノルマ達成の発想」です。「ノルマ」とは、仕事において使用される言葉ですが、勉強で言うところのノルマとは、1日で進めるべきテキストのページ数や解くべきカコ問の問題数を指します。日々の勉強において、各論点の完全な理解ではなく、この「ノルマ」を最優先に考えて下さい。これができるかどうかが、**本試験までたどり着けるかの分岐点**になります。

それでは、もう少し具体的にノルマ達成の発想を考えていきましょう。たとえば、1日に進めるテキストのページ数を30ページにするという計画を立てたとします。この場合、次のページの図のようになるのが通常です。

1日のノルマとした30ページの中には、数多くの論点があります。30ページもあれば論点は実際には数十個ありますが、この図では便宜上、論点を6個としてご説明します。多くの方が採っている間違った発想は、この論点1～6のすべてを理解しようとする、図で言うと、一番下の理解度MAXまで持っていこうとします。しかし、それでは計画倒れになります。なぜなら、**すべての論点**

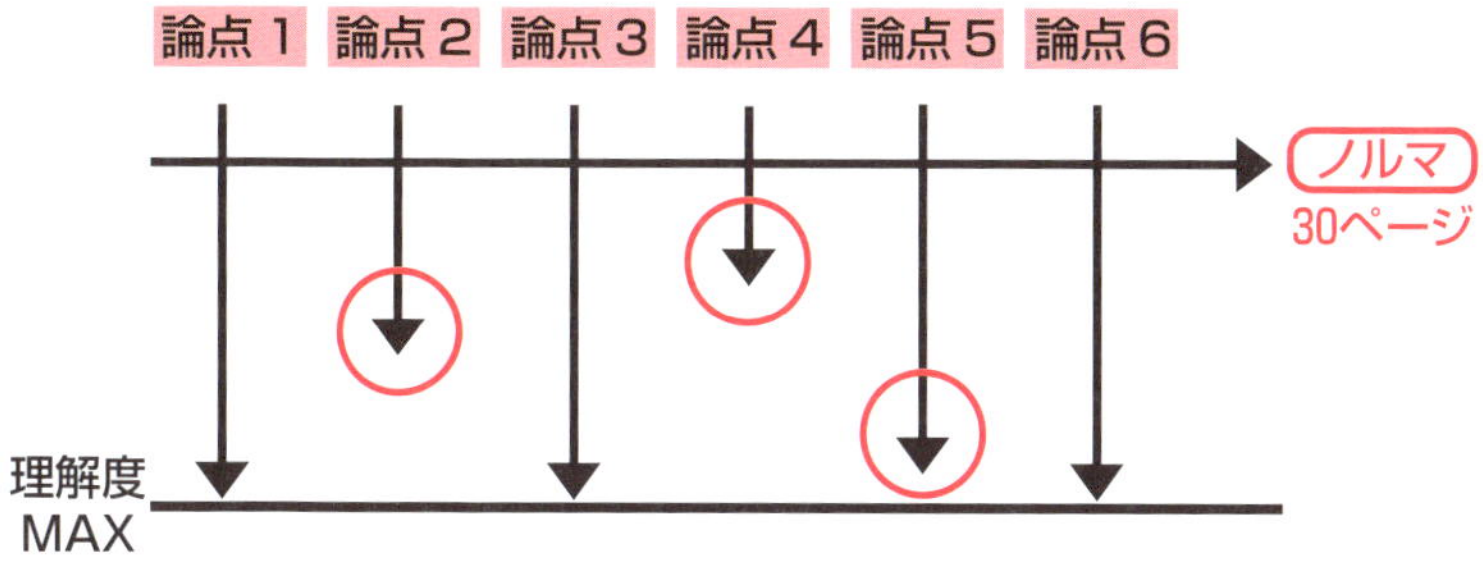

を完全に理解しようとすることが土台無理な話だからです。私は、受験生時代に司法書士試験の勉強をし、講師になる前に勉強をし、講師になってからもテキスト作成時に勉強をし、毎回の講義に合わせて予習として勉強をしていますが、それでもまだ理解できない箇所があります。講義ではご説明をしないといけませんので、ギリギリまで学者の書いた専門書などで調べますが、それでも理解できないことがあります（その場合には、できる限り代替手段として思い出し方を提供します）。それは、わずかと言える数ではありません。何年も同じ勉強を続けている講師でもそのような状況なのにもかかわらず、受験生の方が、すべての論点を理解度ＭＡＸまで持っていこうというのは無理があります。

では、理解しなくてよいのかというと、そんなことはありません。法律は理解が基本ですので、理解することをすべて諦めてしまえば合格することはできません。そこで、理解する努力をどこまでするかという基準となるのが、「30ページ」というノルマです。1日のノルマを30ページとしたのであれば、30ページ進むというのは絶対なのです。つまり、図で言うと、横軸の30ページというのは絶対に守り、そのノルマを達成するうえで、できる限り理解していくというのが、正しい姿勢であり、みなさんに本試験までの絶対のルールとして頂きたいことです。横軸の30ページを絶対のルールとしますので、論点の理解が前のページの図にあるような形になっても問題ありません。この図は、次のようなことを表しています。

「論点1、論点3及び論点6は、十分理解できた。だけど、論点2は、納得できない部分があるな。論点4に至っては、テキストに書いている理由付けがなんのことかさえわからない。論点5は、あと少しで完璧に理解できそうだけど、このまま論点5にこだわっていると今日のノルマである30ページがこなせなくなる。仕方ないけど、次に行こう」

これが、超短期合格者（勉強を始めて7か月以内で合格）及び短期合格者（勉強を始めて8か月～2回目の試験で合格）の思考です。

「それでは、穴ができるのでは？」と思われた方もいると思いますが、穴はあっていいのです。**本試験当日まで、穴はなくなりません。**よく「ブレることのない正確な知識が重要である」などと言われます。これは、そのとおりです。理想的には、すべて理解して正確な知識としたいところです。

しかし、それはまさに〝理想〟であり、現実的ではありません。すべての知識をそのようなレベルにすることは、桃源郷《とうげんきょう》を目指すようなもの

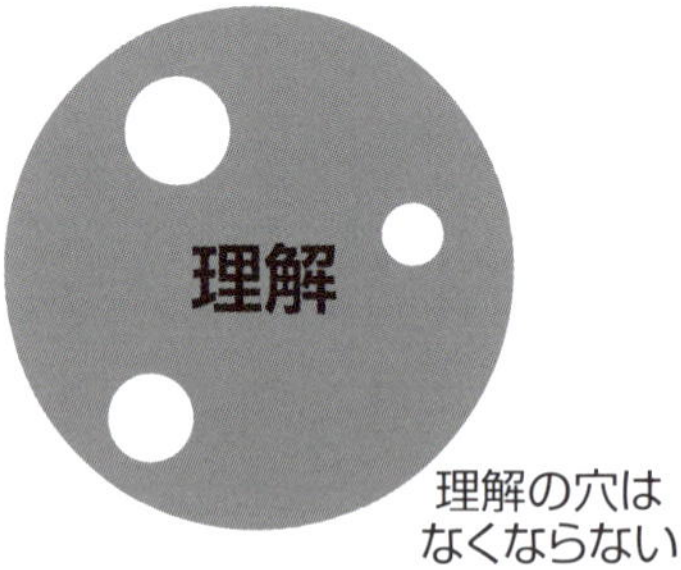

です。みなさんは、どんな時もリアリスティックでなければなりません。現実的には、本試験当日も前ページの図のようになります。完璧にしようとしてテキストを計画どおりに回せなければ合格できませんが、ノルマ達成を絶対にして理解に穴がある状態ならば合格できますので、ご安心下さい。**穴を最後まで埋めようとするのが試験勉強ですが、最後まで埋まらないのが試験勉強です。**

2 刑事ドラマのラストシーンに納得を求めますか？

――犯人が殺人を犯した動機を告白する刑事ドラマのラストシーンに納得を求めますか――

ノルマ達成の発想をもう少し具体的に、つまり、各論点に対してどのようにノルマ達成の発想を用いていくかのご説明をします。各論点に対してノルマ達成の発想ができるかを判断するにあたって、冒頭に挙げた刑事ドラマについての問が、良い判断基準となります。これは、実は法律学習の過程と非常によく似ています。

刑事ドラマは、大抵は「事件→主人公の推理→犯人確定→動機の告白」という過程で描かれます。つまり、事件から犯人をつなぐのが主人公の推理です。そして、その裏には、事件を起こした犯人の動機があります。

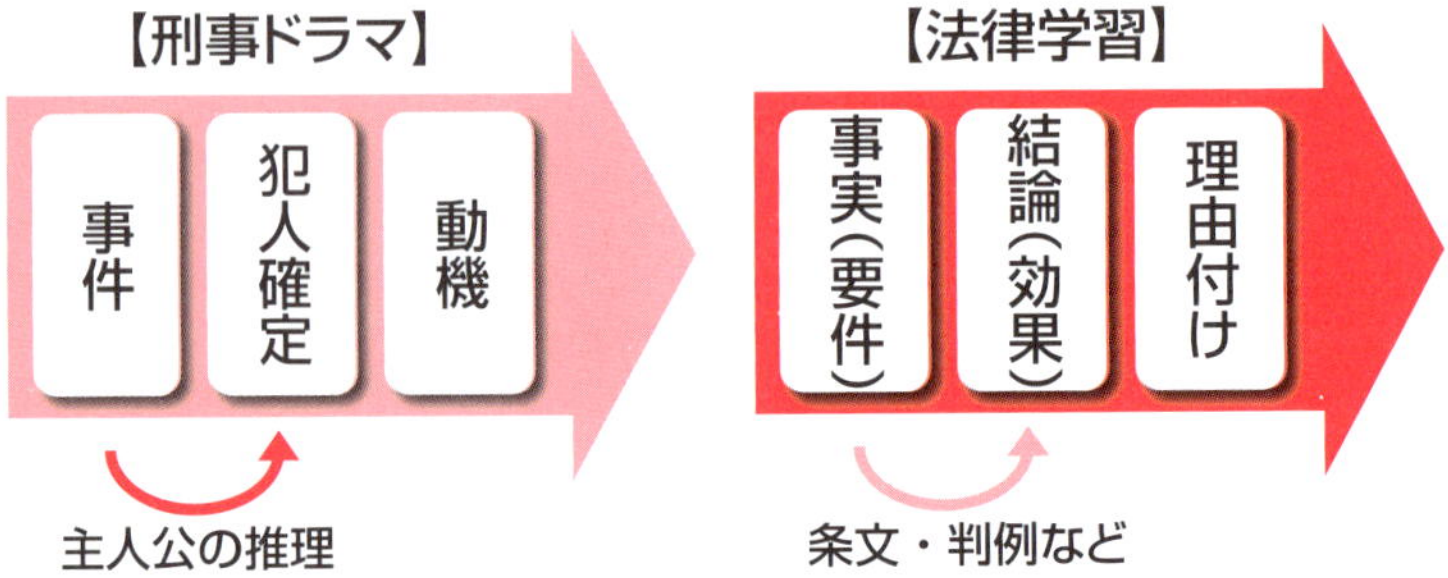

法律の考え方は、「事実（要件）↓条文・判例など↓結論（効果）↓理由付け」という過程です。つまり、事実を条文・判例などに当てはめると、結論が出てきます。しかし、これだけではよくわからないので、テキストなどの解説書で理由付け（なぜそのような結論になるか）を知ります。これが、法律学習の基本的な流れです。

法律学習において、ノルマ達成の妨げとなるのが、最後の「理由付け」です。理由付けが重要なことは言うまでもありません。私も理由付けを最重要視するスタンスです。しかし、条文は人間が作ったものであり、判例も人間が作ったものです。その人間が作ったものを解説しているのが、学者の解説書であり、みなさんが使用する試験用のテキストです。元々が人間の作ったものであるため、みなさんが納得のできる説明（他の知識の理由付けと抵触しないなど）をすべての箇所においてすることは不可能です。

これは、刑事ドラマの最後のシーンと同じなのです。殺人を犯したことにはそれ相応の動機があるのだろうということで、最後のシーンを観ます。「被害者のせいで、犯人の両親が死に追いやられた」などという動機であれば、「そんな感情も湧いてくるのかもしれないな」とある程度納得できる方も多いでしょうが、ドラマによっては「道を歩いていて肩がぶつかり因縁をつけられたことがあったので、その腹いせに殺した」などということもあります。普通は、納得できない動機だと思われます。

しかし、そもそも殺人を犯した人間のすべての動機を理解しようとすることが間違っています。普通の思考過程であれば「殺人なんて止めておこう」という結論に至ります。それに至らなかったということは、異常であることが多いのです。

この関係性は、法律学習で当てはまることがあります（繰り返しになりますが、すべてではありません。理解できるもののほうが多くなっています）。法律を学習するうえでは、「刑事ドラマの動機のように、理解できないこともある」ということは、知っておいて下さい。それが、ノルマ達成の発想につながります。

3 試験勉強は中途半端なところまでしか学習しない

長期受験生になってしまう危険性が非常に高い勉強法があります。それは、「テキストには書いていないけど、仮にこういう場合だったらどうなるのだろう？」という疑問を持ち、それを調べることなどに時間を使ってしまうことです。「仮にこういう場合だったら」と気になるお気持ちは、よくわかります。しかし、試験勉強において、この考えははっきり言って有害です。試験勉強は中途半端なところまでしか学習しません。11科目も学習するため、それは当然です。そうすると、「テキストには載っていないこの場合はどうなんだろう？」という疑問は、いくらでも湧いてくるのです。そこで、いちいち立ち止まっていては、無駄な学習が非常に多くなります。合格に必要ないから、テキストに載っていないわけなのに、自ら不必要な知識に入っていくことになります。

たとえば、テキストには載っていない知識で、受験生の方が気になるものとして、要件事実（主要事実）が挙げられます。司法書士試験の学習においては、消費貸借の請求原因事実と抗弁（要件事実〈主要事実〉）程度は学習します。しかし、賃貸借や債権譲渡などの要件事実（主要事実）は学習しません。そこで気になって調べることは、無駄な時間となります。賃貸借や債権譲渡などの要件事実（主要事実）が司法書士試験において出題される可能性は、極めて低いからです。

実は、この要件事実（主要事実）の例は、まだマシなほうです。

最もまずいのは、「仮にこういう場合だったら」と考えた場合の、その「仮の場合」が存在しない時です。条文に書いていないことについては、実際にその事件が起こり、判例などになっていなければ、答えがわかりません。判例になるということは、実際に裁判で争う当事者がいるということですが、**みなさんの知的好奇心のために裁判をする当事者はいませんので**、答えがないなどということはいくらでもあります。

よって、「仮にこういう場合だったらどうなるのだろう？」ということは、**意識的に考えないようにして**下さい。試験勉強は、中途半端なところまでしか学習しないため、気持ち悪いかもしれませんが、それが試験勉強です。

4 諦めを積み重ねる

「ノルマ達成の発想」のご説明をしてきましたので、おわかり頂けたかと思いますが、司法書士試験で重要なことは、〝諦め〟です。よく「最後まで諦めないことが、合格への鍵である」などと言われますが、それは試験勉強自体を諦めてはいけないという話にすぎず、日々の勉強は〝諦めの連続〟です。ノルマ達成の発想に基づいて日々の勉強を行いますので、少し考えてもわからなければ、諦めて次の論点に行くことが求められます。このようにしなければ、合格までたどり着くことができません。つまり、次のことが言えます。

小さな諦めを積み重ねなければ、大きく諦めることになってしまう

日々の勉強における「小さな諦め」を積み重ねることにより、試験勉強自体を諦めるという「大きな諦め」を回避することができます。これが、試験勉強の真理です。

第2節

スケジュールの立て方

――リアリスティック11

1 総論

前節でご説明しました「ノルマ達成の発想」に基づいてスケジュールを考えていきますので、ノルマ達成の発想は常に念頭に置いておいて下さい。

本書をお読みの方は、現在本試験まで5か月、10か月、1年と様々な方がいらっしゃると思います。また、既に学習を開始している方も多数いらっしゃると思います。よって、後記に「本試験まで5か月であれば、このスケジュール」という見本は記載しますが、基本的には、スケジュールの立て方をご説明します。

スケジュールは、次のページの図のような流れで立てていきます。

基本方針

基本となる方針は、「テキストの進むページ数を基準とする」ということです。テキストの進度に合わせて、カコ問やシャドウイング（シャドウイングについては第5章第4節3においてご説明します）などを行います。

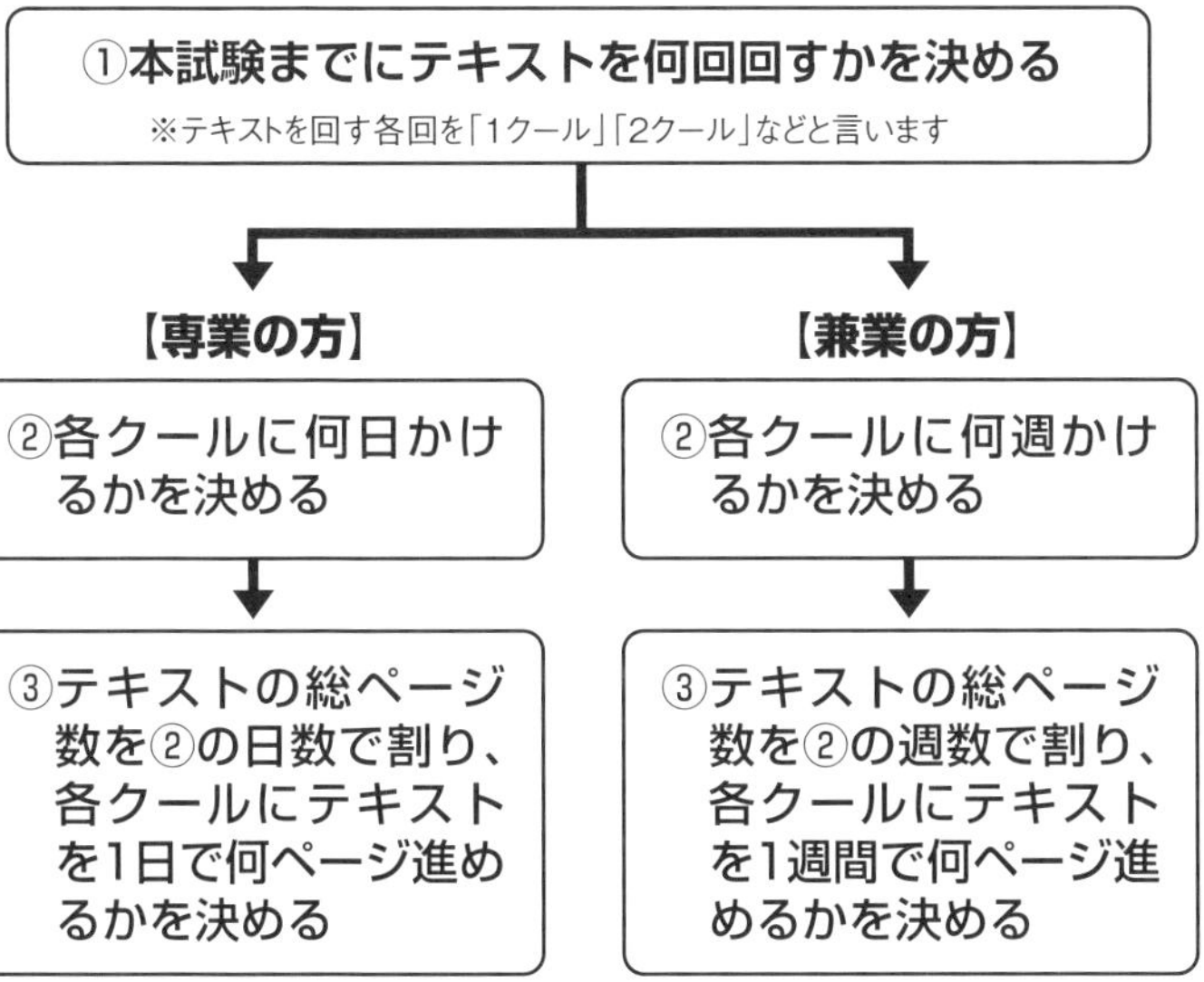
①本試験までにテキストを何回回すかを決める
※テキストを回す各回を「1クール」「2クール」などと言います
【専業の方】
②各クールに何日かけるかを決める
③テキストの総ページ数を②の日数で割り、各クールにテキストを1日で何ページ進めるかを決める
【兼業の方】
②各クールに何週かけるかを決める
③テキストの総ページ数を②の週数で割り、各クールにテキストを1週間で何ページ進めるかを決める

①について

まずは、本試験までにテキストを回す回数を決めます。テキストを回す回数は、最低3回です。「3回」とはあくまで最低限の回数ですので、回す回数はもっと多いに越したことはありません。本試験まで4～5か月しかないのであれば、3回程度しか回せないでしょうが、本試験まで1年程度あるのであれば、（兼業の方は厳しいかもしれませんが）5～6回は回したいところです。

中上級者の方（司法書士試験の受験経験があり、ある程度のレベルに達している方を一般的に「中上級者」と言います）であれば、回す回数はさらに増えます。

「回す回数はもっと多いに越したことはない」と記載しました。記憶のためには、繰り返すことが効果的であるということは、聞いたことがあると思います。これは、真実であり根拠もあります。人間の脳は、基本的に生存に必要な情報が残されます。しかし、司法書士試験のために学習することが生存に必要であるとは言い難いです。そこで、脳を騙す必要が生じます。どのように騙すかというと、「繰り返す」ことにより騙します。繰り返し情報を入れることにより、記憶の取捨選択をする人間の脳にある「海馬《かいば》」という部位に**生存に必要であると勘違いさせる**のです。

試験勉強に必要なことは、このようにして記憶していくと言われています（『最新脳科学が教える 高校生の勉強法』〈池谷裕二著、東進ブックス〉P24〜27）。

②について

次に、各クールに何日（何週）かけるかを決定します。第3章第1節でご説明しましたとおり、専業受験生の方は日単位で、兼業受験生の方は週単位で考えます。

各クールにどれくらいの日数（週数）をかけるかですが、これは最後のクールから決定します。最後のクールから決まる理由は、最後のクール、つまり、本試験の超直前期は、〝丸暗記（詰め込み）の期間〟であるからです。

この丸暗記（詰め込み）の期間は、本試験まで何回テキストを回すかにかかわらず、必ず10日間〜2週間（兼業の方は2週間で厳しければ3〜4週間）は取って下さい。

司法書士試験で出題される知識のすべてを理解することも、すべてについて思い出し方を考える

【参考】
平成26年度司法書士試験まで5か月という時点から学習を開始した場合

1クール目	平成26年2月1日～平成26年4月30日（89日間）
2クール目	平成26年5月1日～平成26年6月25日（56日間）
3クール目	平成26年6月26日～平成26年7月5日（10日間）

※兼業受験生の方が5か月で合格することは困難であるため、専業受験生の方を想定して記載しています
※2クール目の日数が多くなっています。この後にご説明しますが、この期間では模試（2～3回）及び年度別のカコ問（5年分）を解くため、1週間に1日はそれで潰れてしまいます。よって、実際にテキスト回しに使える日数は56日よりも7～8日少ないと思って下さい
※お使いのテキストの総ページ数を各クールで決めた日数で割り、各クールにテキストを1日何ページ進めるか算出して下さい

ことも、事実上不可能です。どんな方でも、最後に丸暗記しなければならない（詰め込まなければならない）知識が残ります。これを少なくするために、理解し、思い出し方を考えるのが勉強なのですが、必ず残ります。よって、中学校や高校の定期テストの学習のような丸暗記（詰め込み）の期間を取る必要があるのです。

この期間は、テキストを何回回すかによって、大きく変わらないため、まず決定する事項です。最後の丸暗記（詰め込み）の期間を「10日間」「2週間」などと決定しましたら、それ以外のクールを決定します。それ以外のクールの期間の割合の目安は、次のようになります。

・テキストを3回回す場合…2：1
・テキストを4回回す場合…5：3：1
・テキストを5回回す場合…10：7：4：2

「1クール目よりも2クール目」「2クール目よりも3クール目」と、クールが進むにつれて、1日（又は1週間）に進むページ数が多くなります。

③について

②で各クールに何日（又は何週）かけるかを決めたら、テキストの総ページ数を各クールで決めた日数（又は週数）で割り、各クールにテキストを1日（又は1週）に何ページ進めるかを決定します。

Column

計画は立て直す？

よく「計画を立てても予定どおりにはいかないものだ」「計画はこまめに修正することが必要だ」などと言われます。

後者のこまめな修正が必要であるという点は、そのとおりです。たとえば、「1日40ページのノルマを立てていたが、インフルエンザにかかり3日間勉強できなかった」となってしまった場合には、そのクールの1日のノルマを少し増やす、又はそのクールの終了日を数日遅らせるという処置が必要となります。

それに対して、前者の「計画を立てても予定どおりにはいかないものだ」という考え方ではいけません。たしかに、優秀な軍師は計画どおりにいかないことまで考えて計画を立てると言われます。しかし、準備期間が短ければ短いほど、代替策では対処できないというのが、司法書士試験の現実です。

たとえば、前記の「本試験まで5か月という時点から学習を開始した場合」において、1クール目が5月末に終わったとしたら、そこから合格まで持っていく策は今の私には浮かびません。よって、やはりここでも「ノルマ達成の発想」が優先されるのです。「計画どおりにいくなんて理想論だ」と思われるかもしれませんが、こまめな修正を除いて、計画（ノルマ）は達成していかなければならないのが、この試験なのです。準備期間が短い場合は、なおさらです。厳しいことですが、これがこの試験の現実です。

2 予備校の講座スケジュールを参考にする

どの科目に何日（又は何週）かけるか及び1日（又は1週間）に何ページ進めるかが決まりました。次に、みなさんがスケジュールを立てていくにあたって迷うのは、どのような科目順で進めていくか、記述の学習をいつ開始するかなどということだと思います。それらは、予備校の講座のスケジュールを参考にして下さい。

いくつかの予備校の講座のパンフレットを用意し（書店や各予備校のホームページから入手可能です）、それらのうち、最も多くの講座が採用しているスケジュールを採るか、信頼できると思われた講座のスケジュールを採り入れて下さい。各講座の科目順などが大きく異ならないことからも、予備校がそのスケジュールを設定するには合理的な理由があるということがおわかり頂けると思います。

ご参考までに、次のページに私が担当しております『リアリスティック一発合格松本基礎講座』の科目順を示しておきます。

3 直前期（4月～6月）の問題演習

直前期（通常は本試験前の4月～6月の3か月のことを「直前期」と言います）は、単元別のカコ問は既に解き終わっており、テキストの復習をメインとしつつ、本試験形式の問題演習を行っていく時期になります（余裕があれば、単元別のカコ問をもう一度解いても構いません）。この時期

【参考】
リアリスティック 一発合格松本基礎講座のカリキュラム

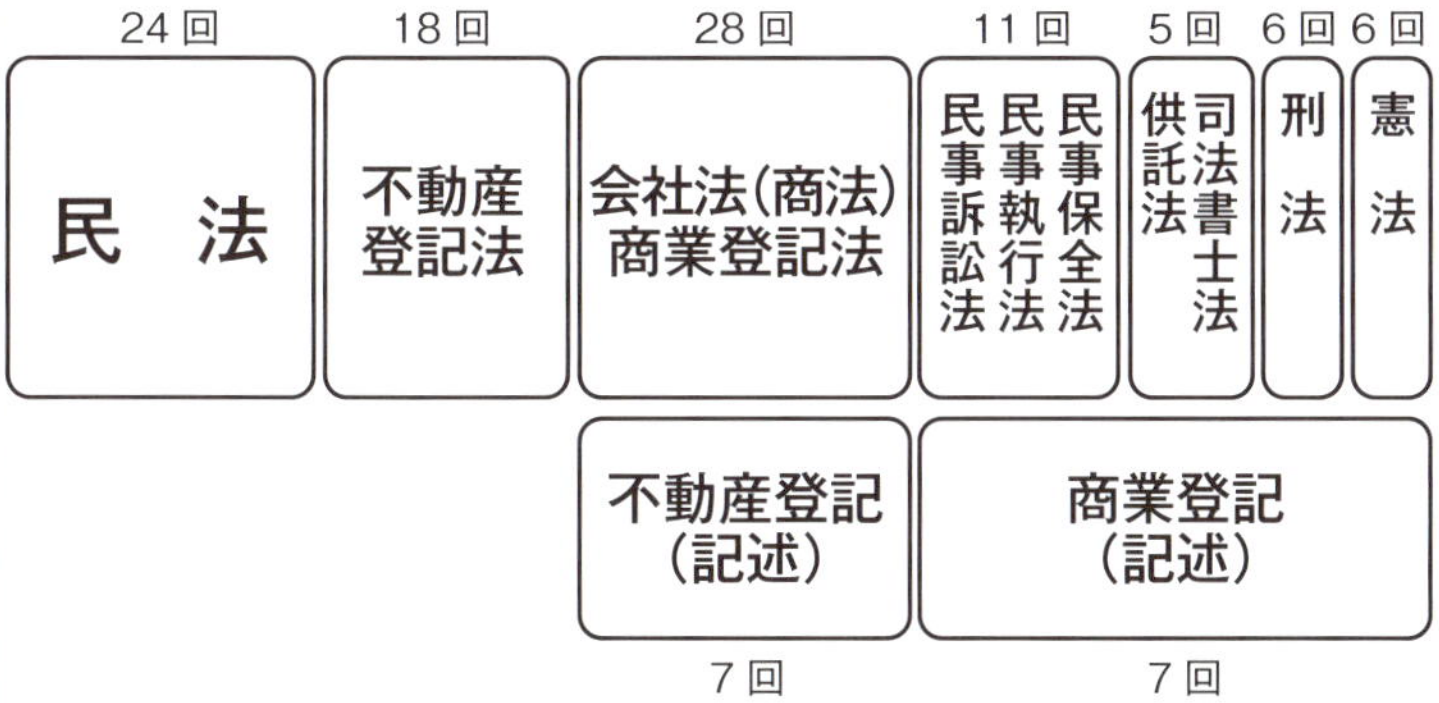

に、本試験形式の問題演習ということで、答練及び模試のみしか解かない受験生の方が多くなります（なお、答練は午前科目又は午後科目のみなど、本試験と形式が多少異なることが多くなっています）。第13章第1節でご説明しますが、答練の受講は任意、模試の受講は必須となります。しかし、模試以外にも必須の問題演習があります。それが「年度別のカコ問」です。

　年度別のカコ問を直前期に解く方は少ないのですが、必ず直近5年分は解いて下さい。なぜなら、**予備校が作った問題は本試験とは異なる**からです。もちろん、予備校は、本試験に近付けようという意図で答練や模試を作成しますが、問題作成プロセスや考え方が異なるため、本試験と異なるのは事実です。予備校の作成する問題のほうが精度が高く、本試験と異なるということもあります（第5章第3節**2**参照）。

そこで、直前期には、直近のカコ問を解き、本試験とはどのようなものであるかを再確認する必要があるのです。単元別のカコ問や記述のカコ問で解いたことのある問題であるため高得点が獲れますが、それを差し引いても、本試験の出し方を再確認する必要があるのです。

なお、直前期には、記述の問題（記述のカコ問、問題集、答練及び模試）を一定の間隔で解く必要があります。解くペースは、専業受験生の方と兼業受験生の方で分かれ、次のようになります。

①専業受験生の方→1問／2日
②兼業受験生の方→2問／1週間

※問題数は、「不動産登記（記述）で1問、商業登記（記述）で1問」ということです。よって、②の兼業受験生の方は、不動産登記（記述）の問題をこなす週においては、不動産登記（記述）を2問解くことになります。

「毎日1問記述の問題を解かなくていいんですか？」というご質問を受けることがよくあります。前年度の本試験で、記述が足切りになったことが原因で不合格になったなどということがあれば毎日1問解くべきですが、そうでなければ、毎日1問はやりすぎです。記述で必要な〝知識の〟ほとんどがテキストにありますので、論点や知識を網羅するために記述の問題を解くべきではありません。というよりも、記述の問題は論点や知識の組合わせ次第で、極端に言えば無限に作成できますので、記述の問題を解くことで論点や知識を網羅することはできないのです（ただし、もちろん、典型的な出題〈利益相反取引など〉は、問題で解いておくべきです）。後述しますが、記述の問題を解く最大の意味は、解法を実践し、解法を身につけることにあります。

第5章

教材（三種の神器ではなく四種の神器）

司法書士試験の教材は、「三種の神器」（①テキスト、②六法、③カコ問）であると言われ、それがもはや当たり前となっており、現在でも大勢を占めています。

しかし、みなさんは、そこに一つ教材を足して下さい。足すと言っても、身につける法律知識の量が増えるようなものではありません。足して頂くのは〝ツール〟です。テキスト・六法の学習の効率を上げるツールです。そのツールとは、「音声データ」です。この効果と重要性については、本章第4節でご説明します。

第1節 テキスト

1 推薦テキスト（市販）

基礎講座や中上級講座など、予備校の講義系の講座をご受講するのであれば、その講座で使用するテキスト以外を使用テキストとすることは、よほどのことがない限りは、あり得ません。

しかし、本書が基準としているのは独学の方です。独学の方は、予備校の講義系の講座をご受講して得られるテキストは基本的には入手できません。そこで、市販のテキストとなりますが、市販の司法書士試験用のテキストで、初学者の方（司法書士試験の受験経験がない、又は受験経験があっ

【全科目】
『司法書士 山本浩司の automa system』（山本浩司、早稲田経営出版）シリーズ
【憲法】
『司法書士コンプリート　憲法』（森山和正、東京法経学院）
【民法】
『司法書士コンプリート　民法 1』（森山和正、東京法経学院）
『司法書士コンプリート　民法 2』（森山和正、東京法経学院）
【不動産登記法】
『司法書士　新・プログレス不動産登記法 1』（Wセミナー編、早稲田経営出版）
『司法書士　新・プログレス不動産登記法 2』（Wセミナー編、早稲田経営出版）

てもある程度のレベルに達していない方を一般的に「初学者」と言います）でも理解しやすい平易な説明がされているものとして、上にあるようなものが挙げられます。

テキストを全科目同一著者で揃えたいのであれば、『司法書士 山本浩司のautoma system』となります。科目によって変えたいのであれば、『司法書士コンプリート 憲法』『司法書士コンプリート 民法』『司法書士 新・プログレス不動産登記法』などを選んで下さい。

これらのテキストのうちからどれを使用するかは、実際に書店に行って、見比べて決定して下さい。平易な説明でわかりやすい、具体例や趣旨・理由付けなどが豊富なテキストを挙げましたが、説明の仕方の相性などもありますので、ご自身の目で確認して決めて下さい。

中上級者の方は、上記のテキスト以外でも構いませんが、中上級者の方であっても、上記のテキストの中から選んで頂いても構いません。中上級者の方のうちのほとんどが、基本的な理解ができていない箇所があるからです。その確認のためにも、初学者の方が読んでもわかるような平易なテキストを使うことは有益です。

Column

中上級者の方に最も多い合格パターン

合格まで４年以上かかった中上級者の方で、最も多い合格のパターンは、次のようなものになります（４年目で合格した場合の例です）。

・（１年目）基礎講座を受講、又は独学で学習（テキスト中心）
・（２年目）テキストはもう何回も読んだため、カコ問・答練をメインに学習（問題演習中心）
・（３年目）２年目は不合格になったが、あと少しのところだったので、方針は変更しない。ただし、カコ問は解き飽きたので、答練をメインに学習（問題演習中心）
・（４年目）このままの問題演習中心の学習で合格するか疑問を感じ、１年目のような学習に戻る（テキスト中心）

２年目・３年目は問題演習中心になったが、**テキスト中心に戻し合格する**というパターンです。１年目はテキスト中心で学習しますが、何度も読んだものであるため、２年目以降は、最初からきちんと読む気にならず、問題演習のほうに走ってしまいます。テキストの学習よりも問題演習のほうが正解・不正解の結果が目に見えて楽しいということが、まず理由として挙げられます。また、ある程度のレベルに到達していますので、かなり正解することができます。そうすると、達成感が生まれます。これも、問題演習中心に走りがちな大きな理由です。

しかし、この問題演習中心の学習には、次の大きな２つの欠点があります。

①問題演習では体系的な学習にならない
②知識にムラができる

①(問題演習では体系的な学習にならない)について

過去問集は、たしかに、テーマごとに配列されています。しかし、肢レベルで見れば体系的とは言えません。

たとえば、「代理」のテーマがあったとしても、有権代理と無権代理が混在している問題もあります。さらに言えば、他人物売買など他のテーマと比較して問われることもありますので、過去問集などは、実際には体系的とは言い難いものです。

そのため、過去問集を解いているだけでは、今自分がどこを学習しているかが正確にはわからない、関連知識を確認できないなどということになってしまい、学習効率が落ちます。

②(知識にムラができる)について

カコ問や答練などの問題は、基本的には 1 つの肢で聞いていることは 1 つです。そのため、問題演習だけではテキストの一部の知識の確認しかできません。カコ問や答練などで解いた知識について問われれば正解できるのですが、少し違う関連知識が出題された時に、正解できなくなります。

このような問題演習中心の欠点に気づき、テキスト中心の学習に戻してその次の年に合格するという方が多くなっています。

問題演習中心の欠点に気づくきっかけとしては、合格者の体験談を聞く、本書のような勉強法の書籍を読むなどという場合があります。中上級者の方もお読みになって頂いていると思いますので、本書がそのきっかけの 1 つになれば幸いです。

2 まとめ本は必要か？

テキスト以外にも、テキストのポイントを問題形式にした書籍や、テキストのポイントをまとめた書籍があります。

これらの書籍は、テキストを読み、カコ問を解いてもテキストのポイントがわからない場合に、テキストのポイントがどこかを知るためという使い方であれば、使用して頂いても結構です。しかし、第8章第4節でご説明するように、テキスト自体をアウトプットして頂きたいので、基本的にはまとめ本を使用する必要はありません。

第2節 六法

1 六法は必要か？

「六法」とは、条文が多数収録されている書籍です。条文とは、国会や法務省などが制定した法令のことで、民法や不動産登記規則などというものがあります。

試験では、この条文の内容が主に問われます。しかし、法律の専門家でなければ、六法で条文を読んだだけでは理解できません（逆に言えば、六法で条文を読んだだけで理解できるのであれば、法律の専門家は不要となりかねません）。そこで、その条文の内容を噛み砕いた説明や理由付け・具体例などを示して説明したもので学習する必要が出てきます。それが、本章第1節でご説明しました「テキスト」です。

それでは、その「テキスト」、本章第3節でご説明する「カコ問」、及び本章第4節でご説明する「音声データ」のみで学習すればよいのでしょうか。たしかに、六法を使用せずに合格された方もいます。しかし、「六法」もできる限り引いて下さい。その理由は、次の二つです。

①条文をそのまま又は少し変えて持ってくるという出題手法がある
②原典である条文の重要性を確認する必要がある

条文をそのまま持ってくる

【民事保全法 17 条】

保全命令は、当事者に送達しなければならない。

↓

【平成 4 年度　午後　第 8 問】

1　保全命令は、当事者に送達しなければならない。

（A 正しい）

条文を少し変えて持ってくる

【民法 9 条】

成年被後見人の法律行為は、取り消すことができる。ただし、日用品の購入その他日常生活に関する行為については、この限りでない。

↓

【平成 15 年度　午前　第 4 問】

イ　成年被後見人がした行為は、日用品の購入その他日常生活に関する行為であっても、取り消すことができる。

（A 誤り）

①（条文をそのまま又は少し変えて持ってくるという出題手法がある）について

最も簡単な問題の作り方が条文をそのまま又は少し変えて持ってくるというものです。我々予備校関係者が問題を作成する時にも、手を抜きたい時にはこの手法を使います。具体的に見てみましょう。上に挙げた問題をご覧頂くと、条文をそのまま又は少し変えて持ってきているということがおわかり頂けると思います。

「条文そのもの（基本）を問いたい」という理由でこのような出題をすることがあるのかもしれませんが、出題者として手間がかからないのは事実です。また、条文をベースにすれば、「出題ミス」が起こりにくいという利点もあります。条文の文言を変えれば変えるほど、出題者の勘違いが入る恐れがあり、出題ミスの可能性が増加します。

【平成７年度　午前　第25問】

次の事例のうち、判例の趣旨に照らし、A につき横領罪の成立する余地のないものはどれか。

1　A は、自己所有の建物につき、B に対して根抵当権を設定したが、その旨の登記をしないうちに、その建物につき、C に対して根抵当権を設定し、その旨の登記をした。

（A. 成立する余地がない）

そして、近年でも実際にこのような出題手法があります。

②（原典である条文の重要性を確認する必要がある）について

こちらのほうが重要です。司法書士試験の受験生の方に限ったことではありませんが、条文の重要性を理解していない方が多くいます。受験生時代の私もそうだったのですが、テキスト中心で勉強をしていると、テキストに書かれている内容の意味を考えることに集中してしまい、「原典である条文に何と書いてあったか」ということを疎かにしてしまうようになります。それが顕著な科目の一例が、刑法です。刑法の出題の中心は、判例及び裁判例です（平成16年度までは学説問題も出題されていました）。そのため、判例及び裁判例の結論を記憶することに注意がいき、条文が疎かになりがちです。たとえば、上に挙げたカコ問の答えを考えてみて下さい。

学習経験のある方は、「テキストに、この事案（最判昭31・12・7）の場合は背任罪となるという記載があった。そして、横領罪と背任罪は一つの行為により両罪が成立することはない法条競合の関係だったか

【刑法 252 条（横領）】

1　自己の占有する他人の物を横領した者は、５年以下の懲役に処する。

2　（省略）

ら、横領罪は成立する余地はないな」と考えたかもしれませんが、その解答の出し方は間違っています（なお、この肢を解くためには不要ですが、横領罪と背任罪が法条競合という知識は必要です）。それでは、同じ事案が出た時にテキストに掲載されている判例知識の記憶があれば解答は出せますが、事案を変えられた時に応用が効かなくなります。

どうすれば応用が効くようになるのか。それが、実は条文なのです。条文は、**応用ができるようになるための一つの手段**です。上に掲載した条文をご覧下さい。

前記のカコ問は、「横領罪の成立する余地のないものはどれか」という問題です。横領罪について考えるのですから、肢を検討する前提として横領罪の条文が頭に浮かんでいる必要があります。刑法２５２条１項には、「自己の占有する他人の物を横領した者は」とあります。

そこで、横領罪について考える時には、「『自己の占有する』『他人の』『物』を『横領』しているのか」というフィルターを持っているか、つまり、**条文をフィルターにしているか**が非常に重要となります。そのフィルターを通して前記の肢を考えると、二つ目の「他人の」にあたらないことが

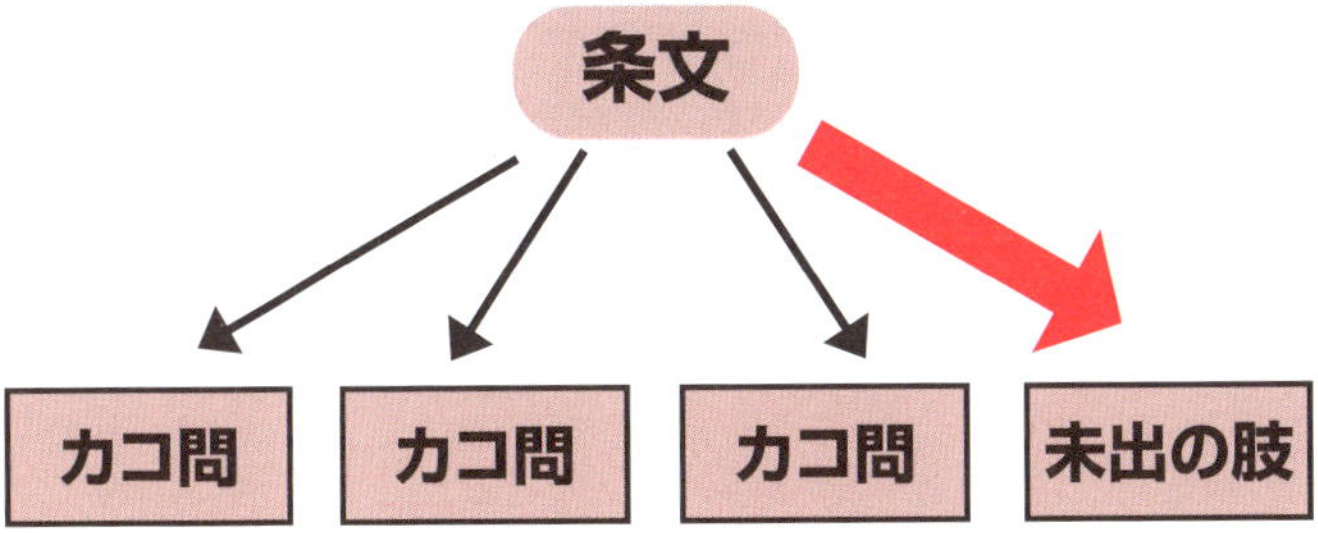

わかります。Aは、Bに対して根抵当権を設定しましたが、建物は依然として「Aの」物です。

よって、自己が占有する「自己の」物ですので、横領罪は成立しません。

このように、まず条文に何と規定されているかがわかっているかで、応用力が変わってきます。「『自己の占有する』『他人の』『物』を『横領』しているのか」を常に意識している方は、横領罪に関する様々な問題に対応できます。

普通に学習していると、「『自己の占有する』とは、事実的支配だけではなく法律的支配も含み……」などということばかりを考えてしまいますが、それも条文が出発点なのです。条文に「自己の占有する」とあるから、その占有がどういう占有まで含むのかという問題が出てくるわけです。

「法律は、条文が出発点である」ということは、非常に重要ですので、六法を引くことで、随時再確認するようにして下さい。

2 六法の選び方

六法は様々な種類のものが出版されていますが、次の基準で選んで下さい。

※なお、「この六法でないと合格できない」ということはありません。あくまで、司法書士試験を目指すうえでの利便性ということで記載しています。

1 サイズ

六法には、大別すると、大きめのサイズの六法と、コンパクトサイズの六法があります。本試験まで六法を持って外出することがなく、自宅のみで学習するという方はほとんどいないと思われますので、携帯可能なコンパクトサイズの六法をお薦めします。

なお、大きめのサイズの六法をカッターなどで切断し、補強して、必要な範囲のみを持ち歩くという方もいらっしゃいます。その作業がご面倒でなければ、大きめのサイズの六法でも構いません。

2 掲載法令

コンパクトサイズの六法だと、掲載法令の数が少ないため、司法書士試験に必要な一部の法令が掲載されていないものもあります。具体的には、不動産登記令・不動産登記規則・商業登記規則が掲載されているかが、判断基準になります。民法や憲法が掲載されていない六法はほとんどありませんが、前記の法令はコンパクトサイズの六法では掲載されていないことのほうが多いのです。そこで、前記の法令も掲載されている次のコンパクトサイズの六法をお薦めします。

①『模範小六法』（三省堂）
②『登記六法』（東京法経学院）

この二つから選んで頂ければ、どちらでも問題ありません。実際に書店に行かれて、引きやすそうだなと思うほうをお選び下さい。

なお、既に前記の六法とは別の六法を使用されている方もいると思います。その方は、買い換える必要はありません。前記の法令が収録されていないかもしれませんが、たとえば、次のサイトに前記の法令は掲載されていますので、前記の法令のみプリントアウトするという対処をして下さい。

・法令データ提供システム
http://law.e-gov.go.jp/cgi-bin/idxsearch.cgi

Column

判例・先例などを六法で引く必要はあるのか？

前記の六法を選ぶ基準には、判例及び先例に関する記載がありません。判例や先例の収録数や、そもそも判例や先例が掲載されているかを考慮する必要はありません。その理由は、次の２点です。

①六法に掲載されている判例や先例は、条文と異なり、原文の一部をそのまま掲載したものとは限らない
②六法に掲載されている判例や先例は、条文と異なり、掲載されている順序に大きな意義はない

①について

あまり知られていませんが、六法に掲載されている判例や先例は、原文をそのまま記載したものではない場合があります。実際の判例や先例は長文であるため（特に判例）、それをすべて六法に掲載することはできません。

そこで、出版社のほうで要旨のみを抽出することになります。原文をそのまま抽出することもありますが、判例や先例のポイントを損なわない程度に変更することがあります。それであれば、テキストに掲載されている判例や先例と大差がないことになります。

②について

条文は、その配列に意義があります。たとえば、民法を大局的に見ると、「抽象 → 具体」という順序で掲載されています。具体のほうから遡ってみますと、「契約各論」の民法 555 条～585 条に売買について掲載されていますが、贈与など他の契約にも共通するルールは民法 521 条～548 条の「契約総論」に、契約以外の法定債権関係も含んだ債権全体に関するルールは民法 399 条～520 条の「債権総論」に、物権などにも当てはまるルールは民法１条～174 条の２の「総則」に掲載されています。つまり、今どこを学習しているかを確認するうえでも、条文の配置を知ることには意義があるのです。

しかし、判例や先例にはそのような意義がありませんので（基本的に関連する条文の後ろに掲載されているだけです）、必ずしも六法で確認する必要はありません。

第3節

カコ問

「カコ問」とは、過去に実際に司法書士試験で出た問題です。

1 択一

択一については、予備校がテーマごとに並び替え、解説を加え、「過去問集」という形で出版しています。主要な択一の過去問集には、次のようなものがあります。

①『司法書士試験合格ゾーン過去問題集』(東京リーガルマインド)
②『司法書士択一式過去問集』(Wセミナー)
③『司法書士過去問(伊藤塾セレクション)』(伊藤塾)
④『司法書士試験平成の択一過去問本』(辰已法律研究所)

お使いのテキストが、カコ問が掲載されていないものであれば(通常は掲載されていません)、過去問集を別途用意する必要があります。①及び②は昭和の問題から掲載されており、④は平成の問題のみの掲載です。③は、同一論点などを省いたため、一部のカコ問の掲載となっています。

カコ問は、一度テキストを読んだら必ず該当範囲の問題を解いて下さい。その理由は、次の二つです。

①どこがどのように問われるかを確認する

②できないからこそ解く

①(どこがどのように問われるかを確認する)について

テキストの記載を一字一句思い出せるようにするなどということは誰であっても不可能ですし、その必要もありません。よって、カコ問を解くことにより、どこがポイントで、どこを思い出せるようにすればよいかを知る必要があるのです（独学の場合は特にその必要性があります）。

②(できないからこそ解く)について

たまに、このような方がいらっしゃいます。「私は、今カコ問を解いても正解する自信がありませんので、まだ解きません」とおっしゃる方です。「それでは、いつ解くのですか?」と聞くと、「直前期です」とおっしゃいます。しかし、直前期にカコ問を解き、その時点で、自身の学習深度が浅いということがわかったとしたら、既に手遅れです。修正する時間がありません。また、カコ問は

【平成3年度　午前　第8問】

ア　甲が真意では買い受けるつもりがないのに、乙から土地を買い受ける契約をした場合において、乙が注意すれば甲の真意を知ることができたときは、売買契約は無効である。

（A. 正しい）

できないからこそ解くのです。なぜなら、**できるならば解く必要がないからです。**できるわけですから。

このように、カコ問は「テキストのどの部分が問われているかの確認」と「自分の学習深度が間違っていないかの確認」のために解きます。よって、一度テキストを読んだら必ず該当範囲のカコ問を解いて下さい。

なお、ここでは触れていませんが、もちろん、カコ問を解くことは、アウトプットとしての意味もあります。しかし、単にカコ問を解き、正誤を判断するだけでは断片的な学習となってしまい、非効率的です。よって、次の二つのことを行いながら、カコ問を解いて下さい。

①その肢の判断の決め手となる根拠をテキストで探す
②肢の途中まで読み進め、後半部分をアウトプットする

①（その肢の判断の決め手となる根拠をテキストで探す）について

たとえば、過去問集には上に挙げたような肢があります。

リアリスティック民法Ⅰ
第２章　総則　61

【心裡留保】

1.　原則―有効

心裡留保とは、言葉遣いは無駄に難しいですが、要は「冗談」や「ウソ」のことです。たとえば、近所の電化製品店で買う気もないのに「このパソコンを下さい」と言ったら、お金を払わなければいけません。後で「さっきのはウソだからお金返して下さい」ということが許されれば、世の中めちゃくちゃになってしまいます。

2.　例外―無効（相手方が悪意又は有過失）

（3−8−ア）

「ウソだから、なしね」と言えないのは相手を保護するためですから、相手がウソだということを知っていた又は知ることができたときは大丈夫です。よって、友人に「今度ポルシェをプレゼントするよ」と約束しても、その友人はポルシェを本当に買ってもらえるなんて思わないでしょうから（悪意）、無効になるでしょう。

この肢を読み、「心裡留保は、相手方が有過失だった時は無効だったな」ということを思い出すだけで終わってしまっては効果が薄いのです。それだけではなく、テキストに戻り、上に挙げたような書き込みをして下さい。

これは、カコ問の正誤を判断する根拠となるテキストの該当箇所に、出題年度・問題番号・肢を書き込んでいます。

これには、二つの意義があります。

Ⅰ後にテキストを復習する時に、どの知識が問われているかが一目瞭然となる

Ⅱテキストに戻ることにより体系的な位置を確認することができ、関連知識も確認することができる

Ⅰ（後にテキストを復習する時に、どの知識が問われているかが一目瞭然となる）について

カコ問を解き進めていくと、テキストに出題年度・問題番号・肢の書き込みが増えていきます。そうすると、どの知識が集中的に問われ、どの知識がまだ問われていないかということが一目瞭然となります。これは、後にメリハリのついた復習の助けとなります。

Ⅱ（テキストに戻ることにより体系的な位置を確認することができ、関連知識も確認することができる）について

単に「心裡留保は、相手方が有過失だった時は無効だったな」という知識を思い出すだけでは、断片的な知識の確認になってしまいます。

しかし、テキストに戻れば、「心裡留保は原則として有効である」ということを確認できます（なお、「相手方が悪意の場合は無効である」という確認は不要です。有過失で無効となるならば、それよりも帰責性の高い悪意は当然に無効となるからです）。つまり、「心裡留保は原則として有効だが、相手方が有過失の場合には無効となる」という構造（体系）を確認するわけです。

なお、この時に、関連知識のすべてを確認するという考えもあります。ここで言うと、心裡留保だけではなく、意思表示の他の規定、つまり、（通謀）虚偽表示、錯誤、詐欺及び強迫も確認するなどということです。しかし、そこまでする必要はありません。カコ問学習でそこまでしてしまうと、時間が膨大になりますし、テキスト学習そのものになってしまいます。よって、この例で言えば、

心裡留保の原則を確認することと、他にどうしても気になる箇所があったら確認するという程度に留めて下さい。

なお、カコ問で問われている知識は、ほとんどがテキストに掲載されているものですが、一部テキストには掲載されていないものもあることが通常です。過去に本試験で出題されたことはあるが、再度出題される可能性が非常に低いと思われる問題（平成23年度〈午後〉第23問「不動産登記法上の罰則」など）があることなどが理由です。よって、テキストの該当箇所を少し探しても見つからなければ諦めて下さい。

また、学習初期段階では、テキストの該当箇所がわからないということもあります。その場合も、少し探して見つからなければ諦めて下さい。

ここでも、ノルマ達成の発想（第4章第1節参照）が重要です。

②（肢の途中まで読み進め、後半部分をアウトプットする）について

この「途中まで読み進め、後半部分をアウトプットする」というアウトプットの手法は、テキストをアウトプットする方法です。しかし、同様のアウトプット手法がカコ問学習においても可能ですので、カコ問学習でも行って下さい。

元々はテキストをアウトプットする方法ですので、そのやり方については、第8章第4節においてご説明します。

2 記述　――リアリスティック12

記述の過去問集は、次のようなものが出版されています(択一よりは、掲載年数が少なくなっています)。**記述のカコ問も解くべき**ですので、どれかを必ずご購入下さい。

①『司法書士試験合格ゾーン記述式過去問題集』(東京リーガルマインド)
②『司法書士記述式過去問集』(Wセミナー)
③『司法書士過去問マスター』(東京法経学院)

記述のカコ問を解かない受験生の方は未だに多くいます。しかし、次の二つの理由から、記述のカコ問も解く必要があると言えます。

①記述もカコ問と同様の知識が出る
②カコ問を解くことにより本試験の出題方式がわかる

①(記述もカコ問と同様の知識が出る)について

択一だけではなく、記述もカコ問と同様の知識が出題されます。たとえば、次のようなものがあります。

【不動産登記（記述）】
（平成7年度）遺留分減殺を原因とする所有権一部移転の登記
（平成24年度）遺留分減殺を原因とする所有権一部移転の登記
【商業登記（記述）】
（平成20年度）会計監査人のみなし再任の登記
（平成23年度）会計監査人のみなし再任の登記

これらは一例にすぎず、繰り返しの出題は他にも多数あります。

よって、「択一と違い、記述はカコ問から出ないから、記述のカコ問は解く必要がない」という考えは明らかに誤っていることになります。

②（カコ問を解くことにより本試験の出題方式がわかる）について

こちらのほうが重要です。未だに多くの受験生の方が、記述のカコ問を解かず、問題集、講座で提供される問題、答練及び模試を記述の問題の題材としています。これが、「答練や模試では点数が獲れるが、本試験では点数が獲れない」という現象の一つの要因となっています。「問題集、講

3　（前段省略）なお、登記原因について第三者の許可、同意又は承諾を要する場合には、平成24年6月27日に第三者の許可、同意又は承諾を得ているものとする。

座で提供される問題、答練及び模試」に共通すること、それは、すべて〝予備校が作った問題である〟ということです。予備校が作った問題は、本試験とズレています。これは、必ずしも予備校が作る問題の精度が低いというわけではありません。予備校が作る問題の精度が本試験を超えているため、本試験の出題手法とズレるということもあります。

一例を挙げます。上の記載をご覧下さい。

これは、平成24年度の本試験に存在した注意事項です（実際には「補足事項」にありましたが、内容は注意事項です）。第三者の許可、同意又は承諾を証する情報についての注意事項です。平成24年度の不動産登記（記述）の第3欄で申請した登記が農地法所定の許可書の提供を要する登記であったため、この注意事項が示されました。

しかし、平成23年度～平成21年度の不動産登記（記述）においても、第三者の許可、同意又は承諾を証する情報の提供を要する登記はあったにもかかわらず、このような注意事項は示されませんでした。この違いは、何でしょうか。

それは、〝登記原因日付に影響を与えるかどうか〟です。試験委員は、

1　上記事実中の行為は、すべて適法に行われており、別紙３から６までに提示されていない登記に必要な書類は、法律上すべて適式に作成され整っていて、法律上必要な手続も、すべて採られているものとする。

第三者の許可、同意又は承諾が登記原因日付に影響を与える場合にはこのような注意事項を示しますが（そうしないと登記原因日付が確定できないためです）、影響を与えない場合には示さずに、上に挙げたような注意事項から補わせます。

これは、平成22年度の不動産登記（記述）の注意事項です。試験委員は、登記原因日付に影響を与えない第三者の許可、同意又は承諾を証する情報の提供を要する場合には、このように一般的な注意事項から補わせるのです。

この例のように、**本試験の記述の問題は、本試験特有の出し方があります**。ところが、予備校が作成する問題は、本試験特有の出し方を再現できていません。たとえば、この例で言えば、第三者の許可、同意又は承諾が登記原因日付に影響を与えるかどうかにかかわらず、前ページの平成24年度の補足事項３のような「第三者の許可、同意又は承諾が得られている」という注意事項を示します。平成23年度～平成21年度の本試験のように、一般的な注意事項から補えるかどうかというのは多少疑義のあるところなので、予備校が作成する問題のほうが疑義のない問題と言えます。しかし、本試験とはズレているのです（これは、予備校が作る問題の精度が本試験を超えている例です）。

よって、本試験の出題方式を知るためにも、記述のカコ問も解いて下さい。

そこで、「何年分解くの？」という疑問が浮かぶと思います。不動産登記（記述）は過去問集に掲載されている問題はすべて、商業登記（記述）は平成18年度以降の問題を解いて下さい。商業登記（記述）が平成18年度以降の問題のみで構わないのは、平成17年度以前は、旧商法下での出題であるため、大幅に予備校が問題を改変しており、解いても効果が薄いからです。

なお、「働きながらの受験勉強であるため、どうしても記述のカコ問まで手が回らない」「本試験が迫ってきており、択一のカコ問で精一杯だ」などという方は、非常時の手段とはなりますが、不動産登記（記述）の本試験の〝出し方〟については、拙著『司法書士 リアリスティック不動産登記法 記述式』（日本実業出版社）で要領良く知るという方法もあります。誠に手前味噌で恐縮ですが、前記の注意事項の提示の基準など、本試験の〝出し方〟を的確に分析した唯一無二の書籍です。また、記述のカコ問を解いて本試験の〝出し方〟がわからない方にも、お薦めできる書籍です。商業登記（記述）については、同著のような書籍を平成25年7月現在執筆していなくて申し訳ありません。いずれ執筆する予定です。

択一で行った、「その肢の判断の決め手となる根拠をテキストで探す」ということを、記述においても行って下さい。たとえば、平成24年度の不動産登記（記述）で問われた「農地について、共

リアリスティック不動産登記法Ｉ
第６章　添付情報　84

【農地法所定の許可書の要否】

農地法所定の許可書を要する	農地法所定の許可書を要しない
売買、贈与	相続、合併、会社分割（注）
共有物分割（24記）	持分放棄
合意解除	法定解除

有物分割を原因とする持分移転の登記を申請する場合には、農地法所定の許可書を要する」という論点であれば、テキストに上に挙げたように書き込みます。

このように、「平成24年度の記述で問われた」ということがわかる程度で結構ですので、テキストに記載しておいて下さい。その目的は、択一と同様であり、どの知識が問われているかの確認と、テキストに戻ることにより体系的な位置を確認することにあります。

第4節

音声データ ――リアリスティック13

現在でも、司法書士試験の学習方法の主流は、「読む」「書く」です。「テキストを読む」「申請書を書く」などという学習以外はしたことがないという方も多いのです。音声が入るとすれば、予備校の講座をご受講された場合に「（講義を）聴く」というくらいです。しかし、みなさんは「音声学習」を採り入れて下さい。音声学習について、「効果」「対象」「方法」という点からご説明していきます。

1 音声学習の効果

単純に「読む」「書く」という学習よりも、**「聴く」「話す」という学習を採り入れたほうが学習効果が上がるということは、科学的に明らかか**になっています。人間の脳において記憶を司る部分が「海馬《かいば》」というところですが、「聴く」「話す」ことにより、この海馬がより刺激されることがわかっています。

特に「話す」、つまり、「声に出す」ということが効果的です。声に出すということは、単に「聴く」こととは違い、能動的な動作であるため、より集中力が高まり記憶によいという点があります。また、「聴く」だけではなく口を動かすという動作が入りますので、声に出したフレーズを体で覚えることができるという効用もあります。そして、声に出せば耳で聴くことになりますので、必然的に「聴く」ということも含むことになります。

2 音声学習の対象

音声学習がいくら効果的だからといっても、司法書士試験で学習するすべての事項に対して、音声学習を採り入れると、逆に非効率な学習になってしまいます。たとえば、テキストの記載事項すべてを読み上げた音声データを用意して音声学習をするといったことは採るべきではありません。テキストの記載事項すべてを思い出す必要はありませんし、そんなことができる人間はいません。そのテキストを書いた著者でさえ、できません。私も、テキストを書いたり、書籍を執筆したりしていますが、自分で書いたものでさえ、目次を使用して該当箇所を探すことがあります。

そうすると、音声学習の対象とするべきは、次の事項となります。

①条文
②申請書
(③テキストの重要箇所)

登記申請書

登記の目的	所有権移転
登記原因及びその日付	平成26年5月9日売買
権利者	A
義務者	B
添付情報	登記識別情報（Bの甲土地甲区2番の登記識別情報） 登記原因証明情報（AとBとの間の売買契約書） 代理権限証明情報（A及びBの委任状） 印鑑証明情報（Bの印鑑証明書） 住所証明情報（Aの住民票の写し）
課税価格	金1,000万円
登録免許税	金20万円（税率20/1000）

※司法書士試験用のテキストに掲載されている形式での申請書を示したため、実際の申請書の一部抜粋であり、記載内容も若干実際の申請書とは異なります

①（条文）について

条文は、本章第2節でもご説明しましたとおり、法律学習の基本であり非常に重要なものです。また、「条文をそのまま又は少し変えて持ってくる」という出題手法がありますので、音声学習により条文を体得することはそのまま得点につながります。

②（申請書）について

申請書とは、上に挙げたようなものです。

このような申請書は、不動産登記（記述）と商業登記（記述）それぞれで100種類以上ありますが、それらの記載内容がわかり、書けるようにならなければ合格することはできません。そのため、「ひたすら書く」という学習方法を採る方が多いのですが、みなさんは音声学習により「（原則）書かない」という方法を採っ

て下さい。この申請書の学習方法は特に重要なので、第11章第2節において詳述します。

③(テキストの重要箇所)について

まず、「テキストの重要箇所」とは、条文の要件・効果や判例の結論など、本試験で肢の正誤を判断する時などに決め手となる箇所です。予備校の講座をご受講しているのであれば講師がすべて指摘しますが、本書が基準としているのは独学の方ですから、独学の方がどのようにテキストの重要箇所を判断すればよいかをご説明します。

判断基準は、基本的には「カコ問で問われている箇所」になります。実際にやってみましょう。次のページのカコ問及びテキストの記載は、民法における、背信的悪意者からの転得者についてのものです。

次のページの下の図に下線を引いたように、カコ問の肢の正誤を判断するために必要なテキストの該当箇所が、「テキストの重要箇所」となります。

このテキストの重要箇所の音声学習(シャドウイングは困難であるため音読となります)をするかですが、これは必須ではありません。数が多すぎますし、必ずしも音声学習により体に刻み込まなければいけないというわけではありません。どういうことかというと、この例をご覧頂いてもわかりますが、テキストの重要箇所はそのままカコ問の肢として出るとは限りません。テキストはわ

カコ問

【平成 24 年度　午前　第 7 問】

ウ　A は、B 所有の甲不動産を買い受けたが、その所有権の移転の登記がされない間に、甲不動産が B から C に譲渡されて所有権の移転の登記がされ、更に C から D に譲渡され、D が所有権の移転の登記をした。この場合において、C が背信的悪意者に当たるときでも、D は、A との関係で D 自身が背信的悪意者と評価されない限り、甲不動産の所有権の取得を A に対抗することができる。

（A. 正しい）

下線の部分がポイントだとわかったら、テキストの該当箇所に下線を引きます

テキスト

リアリスティック民法Ⅱ
第 1 章　物権総論　17

(2) 背信的悪意者からの転得者

(1) で見たとおり、背信的悪意者は、登記があっても第一譲受人に対抗することができません（最判昭 43.8.2）。しかし、背信的悪意者が第一譲受人に対抗することができないからといって、譲渡人と背信的悪意者との売買が無効となるわけではありません。よって、背信的悪意者からの転得者は、有効に所有権を取得できます。そこで、背信的悪意者からの転得者と第一譲受人との関係が問題となりますが、この関係は対抗関係になるため、民法 177 条により登記を先に備えたほうが優先します。つまり、背信的悪意者であるかは、相対的に（人ごとに）考えることになります。

よって、上記設例 (2) では、D は A に所有権取得を対抗することができます。

かりやすく説明するのが主な役目ですから、条文や判例の文言通りに記載されているわけではありません。よって、音声学習により体得したとしても、条文や申請書ほどの効果は得られません。

ただし、音声学習（音読）をする価値がないということではありませんので、時間的余裕があれば試してみて下さい。前記の例で言えば、「背信的悪意者からの転得者と第一譲受人との関係は、……相対的に（人ごとに）考えるから、……民法177条により登記を先に備えたほうが優先する。だから、背信的悪意者からの転得者が先に登記を備えていれば、第一譲受人に対抗できるんだったな」などと声に出すことになります。

3 音声学習の方法

音声学習の効果をご説明し（P139）、対象を明確にしましたので（P140）、最後は「方法」です。音声学習の方法は、次の二つがあります。

①音読

②シャドウイング（音声データが必要）

【民法94条（虚偽表示）】

1　相手方と通じてした虚偽の意思表示は、無効とする。

ここまで読んで、効果である「無効」を思い出す

①（音読）について

これは、音声データがなくても、テキストや六法があれば可能です。テキスト及び六法の条文並びにテキストの申請書を声に出して読んで下さい。なお、単に声に出すだけではなく、条文・申請書について、それぞれ次のような方法で行って下さい。

条文

条文を読んでいる途中で、その後に何が書かれているかを思い出そうとして下さい。たとえば、民法94条1項でいうと、上に挙げたようになります。

（通謀）虚偽表示は、効果が無効であるということを記憶する必要があります。よって、ただ単に民法94条1項を音読するのではなく、「無効」という部分を思い出そうとしながら音読します。これは、**アウトプット**の一つです。日本語は後半部分に結論がくる言語ですので、「後半の重要部分を思い出す」ということに意義がある場合が非常に多くなります。

なお、この「後半の重要部分を思い出す」ということは、音読を途中で止めてまでする必要はありません。**音読の大きな目的は、条文の独特**

登記申請書

住所証明情報（Aの住民票の写し）

課税価格　　金1,000万円
登録免許税　金20万円（税率20/1000）

のリズムに慣れ、条文の内容を体得することです。実際に音読をすると実感できますが、条文は、音楽のように独特のリズムがあります。これは、記憶の大きな助けになります。カラオケで何度か歌っていると自然とその曲を記憶できるのは、リズムがあることと、歌う（声に出す）ということが理由です。条文は、音楽ほどではありませんが、類似した効果があります。条文を音読していて途中で止めてしまうと、そのリズムを体得できなくなってしまいますので、「音読していく中で、後半の重要部分をアウトプットできたらやってみよう」という程度で結構です。

申請書

　これも、アウトプットをしながら音読して下さい。上の図のように、「テキストに掲載され

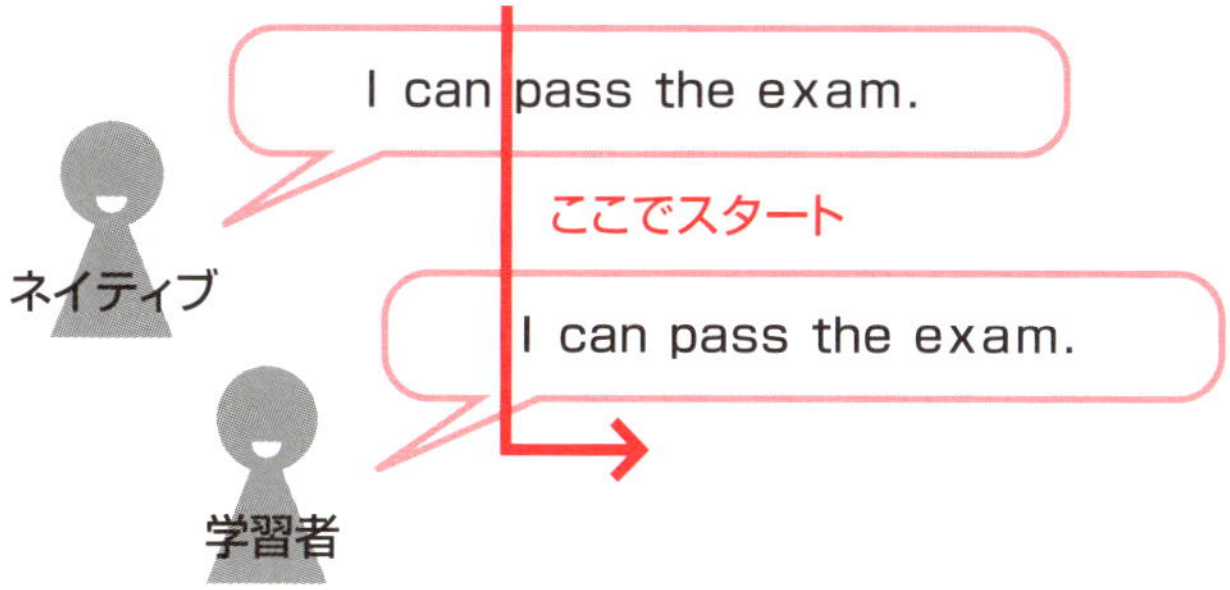

ている申請書を紙で隠しながら音読していく」という原始的な方法で構いません。このように紙で隠しながら、「登記の目的　所有権移転」という文言を音読します。わからなければ、すぐにご覧頂いて構いません。

②（シャドウイング）について

これは、①の「音読」よりも効果の高い音声学習です。音声データが必要となる学習方法ですが、非常に効果が高いので（『シャドーイング・音読と英語習得の科学』〈門田修平、コスモピア〉参照）音声データを用意して日々の学習に採り入れて下さい。

シャドウイングとは、主に英語学習で採られている方法です。シャドウイングを行うには、まずネイティブが英文を読み上げた音声データを用意します。そして、音声データを単に聴くだけでなく、ネイティブが読み上げるのを追いかけるように音読します。たとえば、「I can pass the exam.」とネイティブが読み上げた音声が流れたら「I can pass the exam.」と音読します。慣れてきたら、ネイティブが「I can」と言ったあたりで「I can」と言い始めるというように、できる限り近づけていきます。近づけたほうが効果が高いからです。

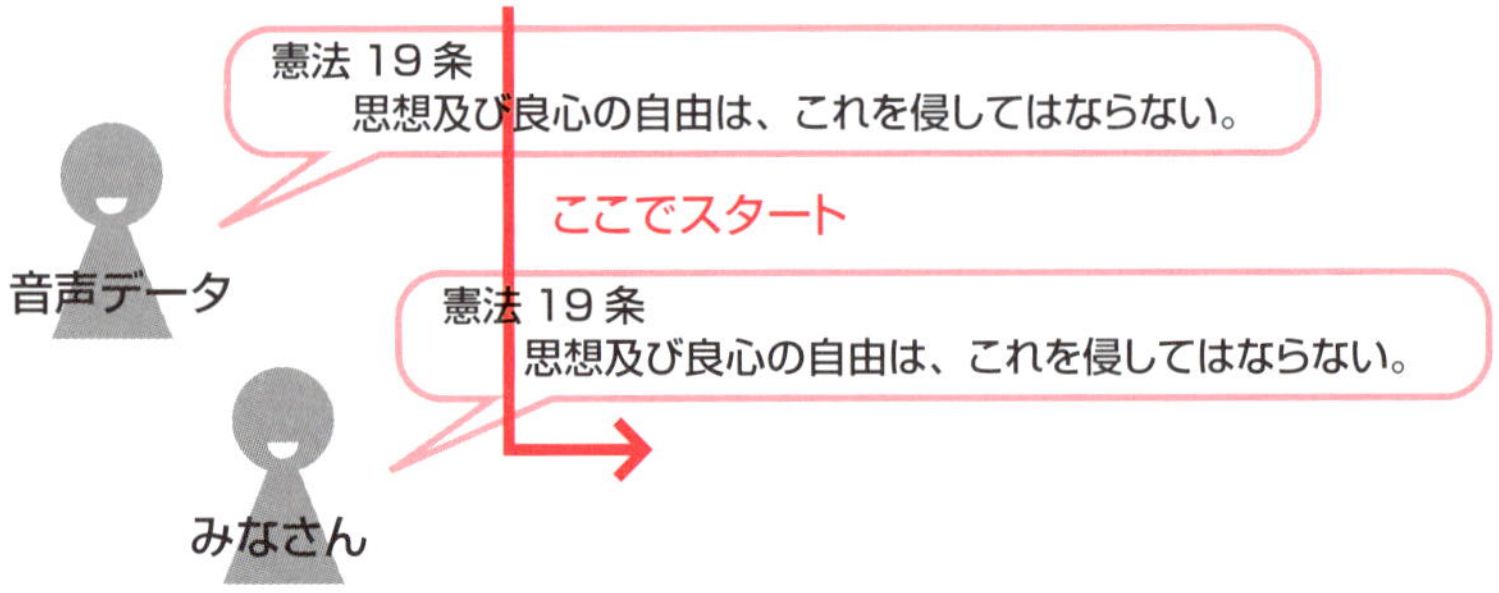
憲法19条
思想及び良心の自由は、これを侵してはならない。
音声データ
ここでスタート
憲法19条
思想及び良心の自由は、これを侵してはならない。
みなさん

このように、影（Shadow）のように付いていくため、シャドウイングと言われています。このシャドウイングは、法律学習でも行うことができます。その対象は、「条文」となります。

たとえば、上にある図のようにシャドウイングを行うことになります。

六法をご覧になりながら、シャドウイングを行って下さい。このシャドウイングを行うことにより、非常に効率的に条文を体得することができます。


なお、シャドウイングの対象として「申請書」を挙げませんでした。申請書はシャドウイングの対象とするべきではないということではなく、現状では独学の場合、申請書の音声データを手に入れることができないと思われるからです。私の知る限り、申請書の音声データを提供しているのは、予備校の講座を受講した方に対してのみです（すべての講座ではなく、一部の講座です）。

よって、独学の場合は、条文が対象となります。条文の音声データも予備校の講座で提供されますが（こちらも一部の講座のみです）、これは、独学でも入手することが可能です。たとえば、次のサイトでは、比較的安価で条文の音声データを購入する（ダウンロード形式）ことが可能です。

・法律☆読まんで委員会　聴く六法
http://www.yomande.com/

ここまで音声学習の効果を中心に、その対象と方法をご説明してきました。

しかし、これまで司法書士試験の学習においてはあまり採られていない方法ですので、「効果があるのかな？」と疑問に思われている方もいると思います。それは、**通常の感覚**です。私がご説明しただけでは、〝実感〟がありません。

よって、本書冒頭の「本書を読む際の注意点」の「行動力」でもご説明しましたとおり、まずは実行してみて下さい。そうすると、「問題を解いている時も、自然と条文のフレーズが頭の中を流れる」「書く練習をしていないのに、自然と申請書のフレーズが頭の中を流れる」というようになります。そこで初めて、この音声学習の効果を実感して頂けると考えています。

Column

移動中に音声データを活用

シャドウイング用に入手した音声データは、シャドウイング以外にも活用法があります。それは、「移動中などに音声データを聴く」というものです。通勤・通学中の電車内、歩行中など、机に向かって勉強できない時に、行って下さい。主婦の方であれば、家事をしている際に音声データを聴くということも可能であると思います。

音声データを聴く時、単に音声を聴くだけでなく、「音声からポイントや関連論点をできる限り思い出す」ということも行って下さい。たとえば、会社法に次のような条文があります。

【会社法 27 条（定款の記載又は記録事項）】

株式会社の定款には、次に掲げる事項を記載し、又は記録しなければならない。

一～四　（省略）
五　発起人の氏名又は名称及び住所

この会社法 27 条 5 号の「名称」という音声データを聴いた時に、単に聴き流すのではなく、テキストで学習したポイントを思い出して下さい。ここで言えば、「発起人には、自然人だけでなく法人もなることができる」という知識を思い出して下さい。法人もなることができるため、定款の絶対的記載事項を定めた会社法 27 条が「氏名」だけでなく「名称」という文言を入れているわけです。

このように能動的に音声データを聴くことにより、より効率の良い学習をすることができます。

第6章

検索先の一元化VS情報の一元化

――リアリスティック14

第1節

受験界には、「検索先の一元化」と「情報の一元化」という対立する考え方があります。これらは、どちらも試験勉強の大きな方針を決めるものであり、受験生の方はどちらかを選択することになります。私が提唱するのは、「検索先の一元化」です。

しかし、対立する考え方である「情報の一元化」をご説明し、その違いから考えるほうがわかりやすいので、まずは情報の一元化とはどのような考え方なのかをご説明します。

情報の一元化とは？

1 情報の一元化

「情報の一元化」とは、何か一つの教材に決めて、その一つの教材に試験勉強で得られる知識を集約していく考え方です。集約先の教材を何にするかは人によって異なります。テキスト、六法、カコ問、まとめ本など様々なものがありますが、ここでは割と多くの方が採っていらっしゃるまとめ本を集約先にしたと仮定してご説明します。

まとめ本を集約先にして情報の一元化をするということを図解すると、次のページのようになります。

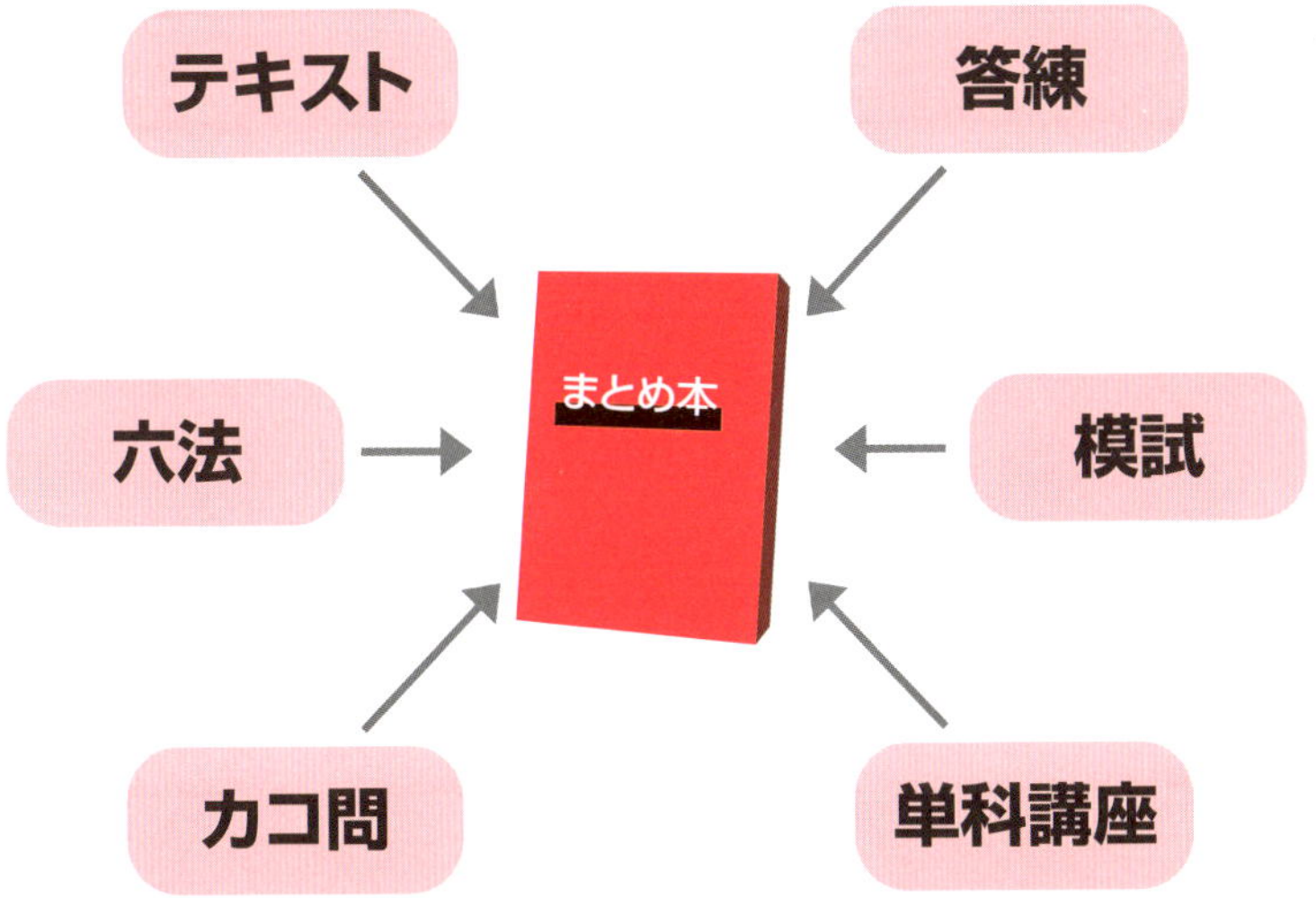

試験勉強をしていくと、様々な知識に触れます。それを一つの教材に集約していくのです。この例でいうと、まとめ本にないテキストの知識、まとめ本にない六法の条文や判例、まとめ本にないカコ問の肢、まとめ本にない答練及び模試の肢、まとめ本にない単科講座（予備校が行う数回程度のポイント講座）で得た知識をまとめ本に集約していきます。

具体的には、まとめ本に書き込みをしたり、カコ問、答練又は模試の肢を切り取りテキストに貼り付けたりします。つまり、ある一つの教材に情報を集約し、その教材を〝太らせていく〟ことが情報の一元化というものです。

では、何のためにこの情報の一元化をするかという問題ですが、それは直前期に、「この教材だけを回せばよい」というものを作るためです。つまり、直前期の学習の便宜のために情報の一元化を行うわけです。

しかし、この情報の一元化には、**最大の欠点**があります。それは、**作業に時間がかかる**ということです。書き込んだり、貼り付けたりという行為は、作業です。書き込みのほうは、多少は記憶に役立ちますが、作業であることに変わりはありません。

また、情報の一元化には、**一つ大きな視点が欠けています**。それは、**情報を集約した教材は本試験に持ち込めない**のです。もちろん、会場には持ち込めますが、試験が始まれば見ることはできません。よく「ゴールからの発想」と言います。みなさんの当面のゴールは、司法書士試験に合格することでしょう。そのためには、筆記試験で合格点を獲らなければなりません。そうすると、ゴールに最も近い時点とは、筆記試験の最中ということになります。しかし、この情報の一元化とは、ゴールの手前（直前期）からの発想なのです。

こういった欠点や重要な視点の欠如があるため、私は次にご説明する「検索先の一元化」をお薦めしています。

第2節

検索先の一元化

1 試験に持ち込めるものは？

本章第1節でご説明した情報の一元化の欠点及び重要な視点の欠如、その反省から生まれたのがこの「検索先の一元化」です。特に「情報を集約した教材は本試験に持ち込めない」という視点が重要になってきます。情報の一元化は、「ゴールの手前（直前期）からの発想」とご説明しました。

筆記試験の本番が最もゴールに近く、最も重要であるわけですから、ここから考えないといけません。そうすると、筆記試験に持ち込めるものが問題となってくるわけですが、テキストやまとめ本などの〝物体〟に情報を集約したとしても、それは本試験に持ち込めません。**筆記試験に持ち込めるものは自分の「脳」のみ**です（文房具及び近年の本試験ではペットボトル1本を持ち込めますが、ここでは関係のない話なので省略します）。

そうすると、次のページのような「検索先の一元化」という発想になります。

この図が何を表しているかというと、「ある知識が問われた時に、どこを思い出すか（どこを検索するか）を決めておく」ことです。本試験に持ち込めるのは自分の脳だけなのですから、Aという知識はテキストという引き出し、Bという知識は六法という引き出しというように、検索先を変

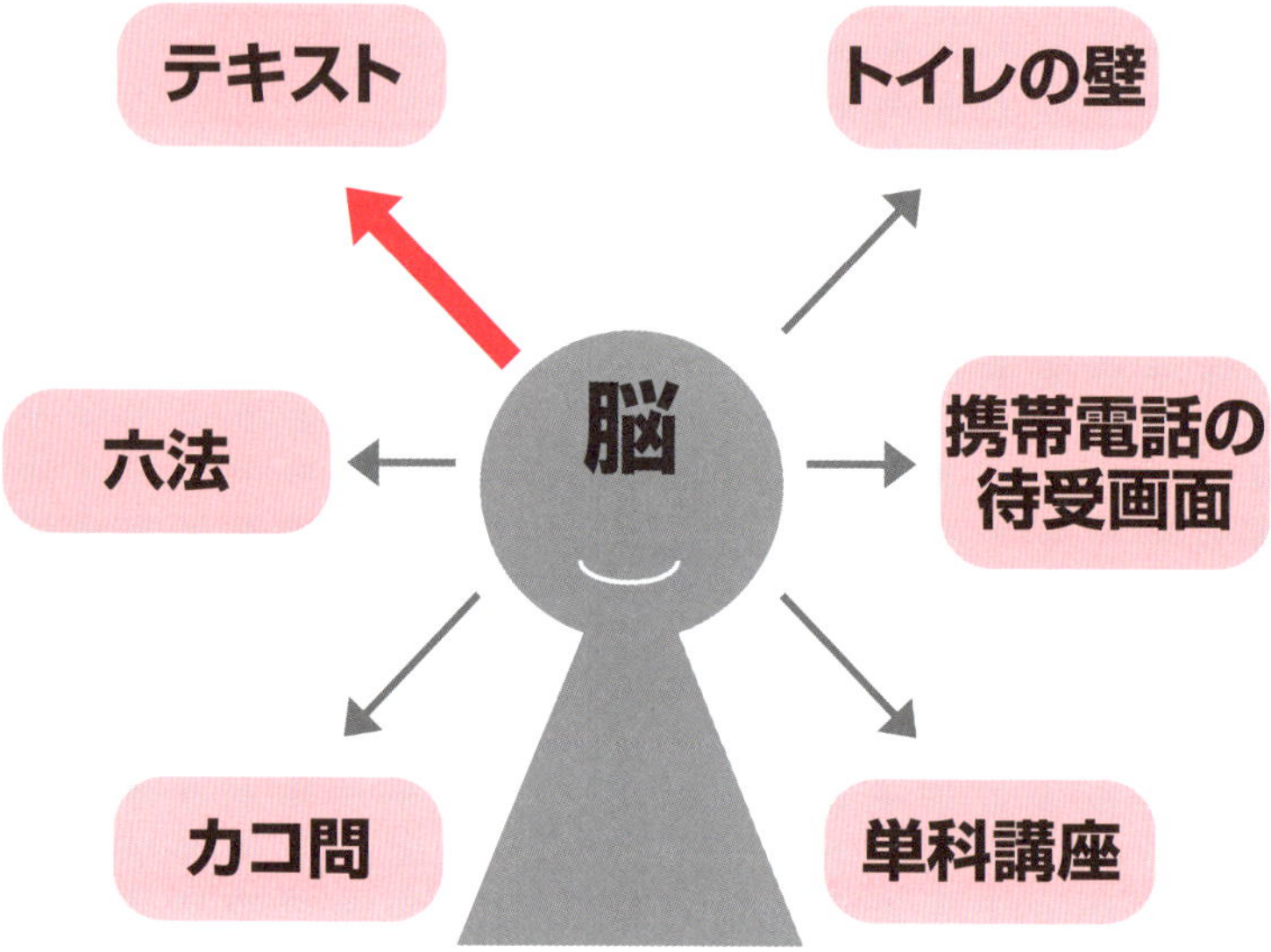

えても不都合はありません。知識によっては、テキストよりも六法のほうが引き出しやすいということがあります。それならば、六法を検索先にするべきです。

このような考え方ですので、知識によっては「トイレの壁」でも、「携帯電話の待受画面」でも構いません。

「トイレの壁」を検索先にするとは、私が受験生であった頃に実際に行っており、現在も受講生の方に同様の方法を採って頂いていることなのですが、テキストに掲載されている非常に出題頻度の高い表を自宅のトイレの壁に貼るということです。一例を挙げると、テキストに掲載されている不動産登記法及び商業登記法の登録免許税の表がこれにあたります。これらは、択一及び記述において頻出の知識です（記述はほとんど確実に毎年問われます）。よって、確実

情報の一元化	検索先の一元化
【情報の一元化に欠けている大きな視点】 情報を集約した教材は 本試験に持ち込めない →	本試験に持ち込める 「脳」を基準に考える
【最大の欠点】 作業に時間がかかる →	物体ではなく脳を基準にするため、 作業の時間がかからない

に得点する必要があるため、毎日目にするようにトイレの壁にコピーを貼ります。そうすると、検索先は、テキストではなく自宅のトイレの壁となります。本試験で問題を解いている時は、みなさんは頭の中で、本試験の会場から自宅のトイレの壁に飛ぶことになるわけです。

「携帯電話の待受画面」とは、テキストのうち、どうしても記憶できない苦手な部分を携帯電話のカメラで撮影し、待受画面にして記憶するということです。朝起きた時、友人にメールをする時、電車の時刻を調べる時、1日に何十回も携帯電話をご覧になると思いますので、その度にテキストの苦手な部分を見ることになります。そうすると、嫌でも頭に焼きつくことになります。そのようにして記憶した部分については、検索先はテキストではなく、携帯電話の待受画面となります。

このように「検索先の一元化」という発想でいけば、一つの教材に書き込んだり、貼り付けたりする作業がなくなります。従って、検索先の一元化であれば、情報の一元化の問題点がなくなるわけです。

なお、検索先の〝一元化〟とありますとおり、一つの知識の**検索先は**一つにして下さい。たとえば、「商業登記の印鑑証明書の添付について の説明はテキストに載っているが、商業登記規則61条2項～4項の条文

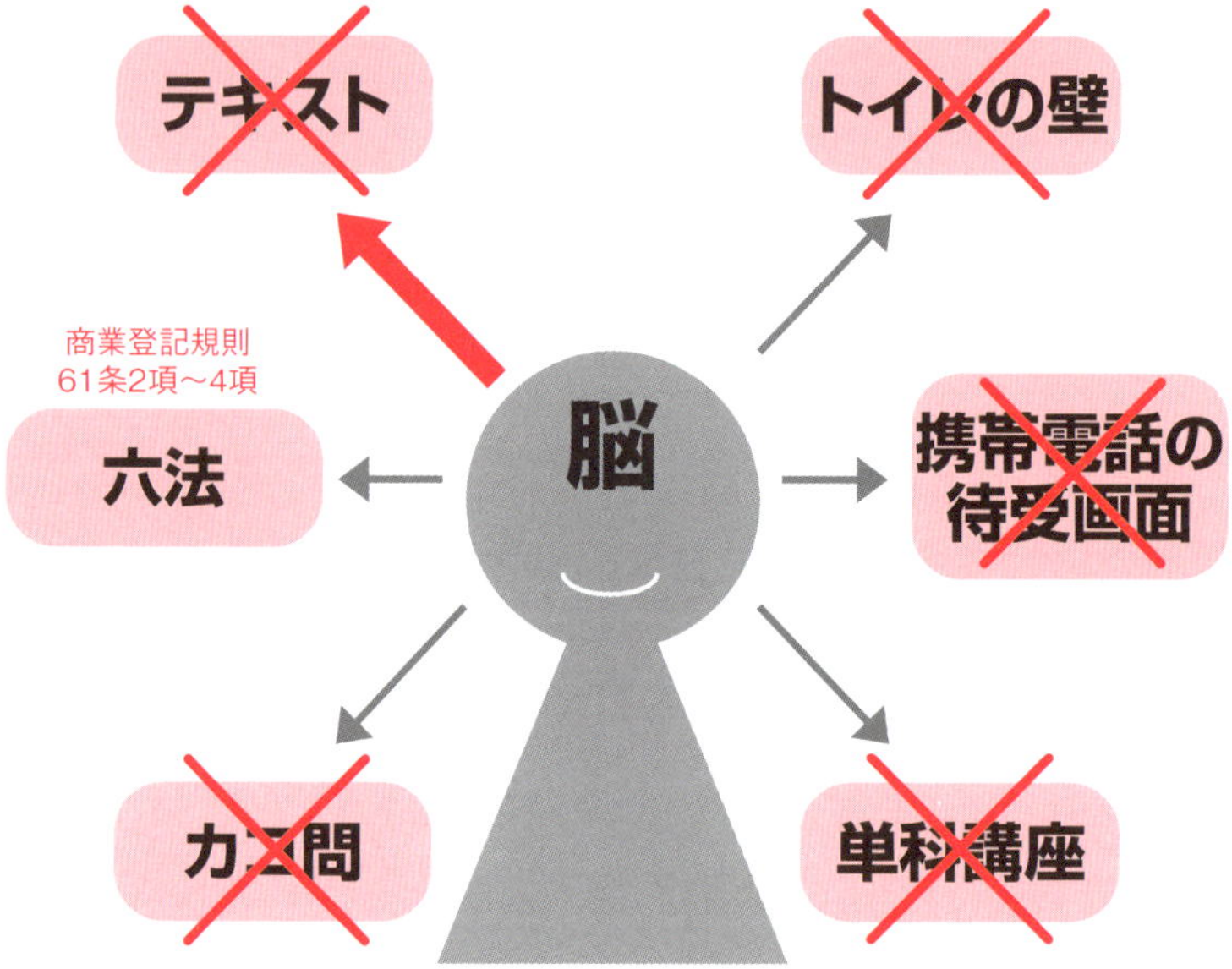

自体がテキストに載っていないため、六法を検索先とする」としたとします。

この場合、印鑑証明書の添付の知識を思い出す時の検索先は、常に六法でなければなりません。カコ問を解く時は六法だが、模試を解く時にはテキストであるということではいけません。なぜなら、人間の脳は同じ過程を繰り返したほうが、より思い出しやすくなるからです。

同一の知識を思い出す先が一つとなっていなければ、慣れることができず、思うように思い出せなくなります。たとえば、パソコンで、あるファイルを開く時に、毎回違うフォルダに移動されているとしたら、目的のファイルまでたどり着くのは容易ではありません。フォルダのある場所が変わらないから、目的のファイルにたどり着けるのです。試験勉強においてもたどり着けるように、**一つの知識の検索先は一つに**して下さい。

Column

情報の多元化はしない

「情報の一元化」をする必要はありませんが、「情報の多元化」をして下さいという意味ではありません。つまり、敢えて検索先を多くする必要はないということです。思い出して下さい。

情報の一元化の最大の欠点は「作業に時間がかかる」ということであり、欠けている視点は「情報を集約した教材は本試験に持ち込めない」ということでした。

そこで、作業にかける時間が不要であり、本試験に持ち込める唯一のものである脳を基準とするという検索先の一元化にたどり着くわけです。この過程で、情報の一元化をしないということは出てきましたが、どこにも情報を多元化するということも出てきていません。

従って、検索先のメインは、テキストにして下さい。「テキストよりも六法のほうが思い出しやすい」「テキストでどうしても思い出せない部分を携帯電話のカメラで撮影し待受画面にした」などということであれば、検索先を六法や携帯電話の待受画面にするべきですが、基本的には体系的に書かれ、そして、みなさんの勉強の中心となるテキストを検索先のメインとするべきです。そのため、前記の図も、脳からテキストに向かって出ている矢印が最も太くなっています。

第3節

「整理整頓」と情報の一元化・検索先の一元化との関係

1 優秀な人の本棚は整理整頓されている？

本章第1節及び第2節において、情報の一元化よりも検索先の一元化のほうが効率が良く、ゴールからの発想という面でも理にかなっているというご説明をしました。

しかし、現在の受験界の大勢となっているのは、まだ情報の一元化であると言えます。実は、この大きな理由の一つが、司法書士試験の受験生の方の多くに共通して見られる性格にあります。その性格とは「生真面目」です。「真面目」であることは、司法書士試験突破にあたり不可欠な要件です。相当な知識量を問われる試験ですので、「勉強できる時間のほとんどすべてを勉強に充てる」ということは当然にできなければ話になりません。しかし、「生真面目」までいってしまうと、危険になってきます。

よく「優秀な人の自宅の本棚は、整理整頓されている」と言われます。勉強とは、知識の整理整頓でもありますので、これは理にかなっているように聞こえます。しかし、間違っています。厳密に言えば、正確ではありません。

たとえば、資格試験に超短期又は短期で合格する人の自宅の本棚は、整理整頓されているとは言い難いことがよくあります。「民法のテキストの右に憲法のテキストがあったかと思えば、その憲法

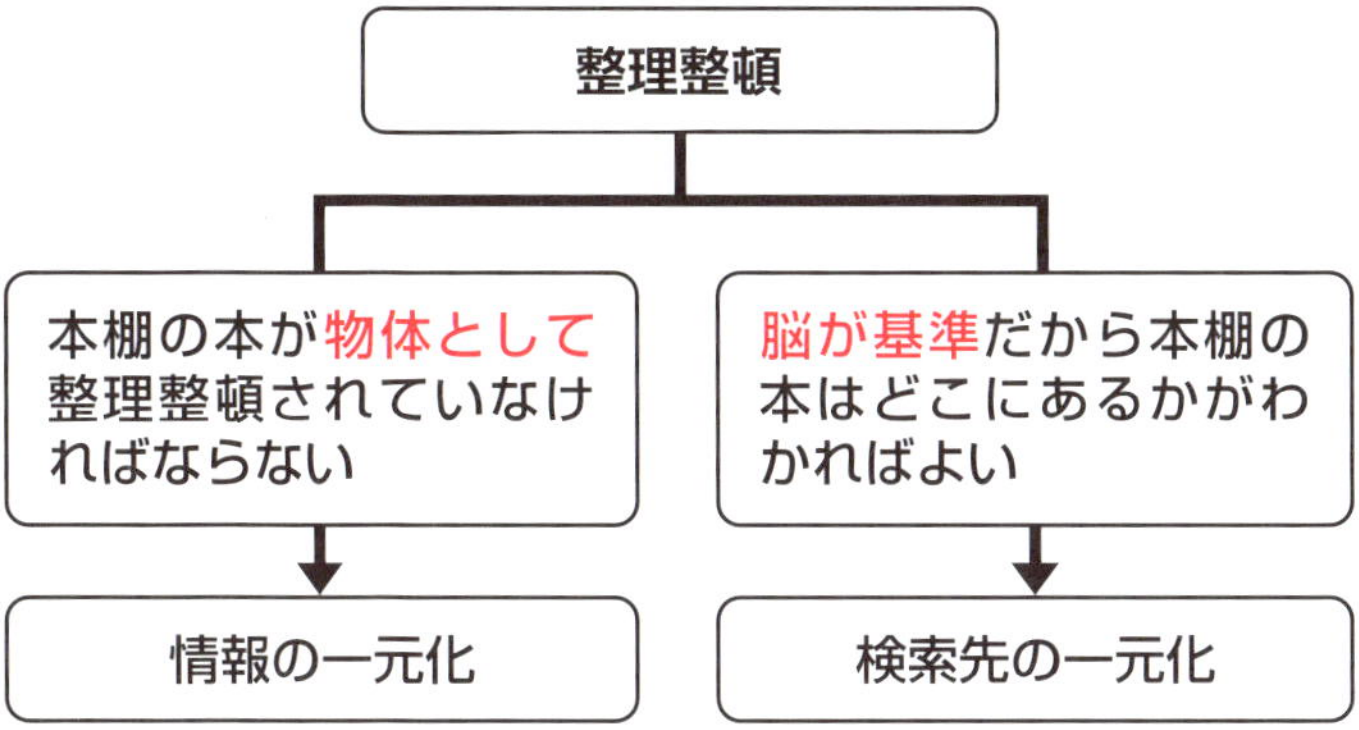
整理整頓
本棚の本が物体として整理整頓されていなければならない
脳が基準だから本棚の本はどこにあるかがわかればよい
情報の一元化
検索先の一元化

のテキストの右には別の民法のテキストがある」などということが、よくあります。それでは、このような人は、整理整頓ができていないのでしょうか。そうではありません。**「整理整頓」の考え方が違う**のです。同じ整理整頓でも、生真面目ではない要領の良い人は異なる発想を採ります。そして、それが「情報の一元化」と「検索先の一元化」の違いになります。

　同じ整理整頓という考えでも、それを本棚に科目順にきちんと並んでいることを重視する、つまり、〝物体〟を重視する人と、科目はバラバラであっても自分が見たい時にどこにあるかがわかればよいと考える、つまり、〝脳〟を基準にする人に分かれるわけです。

　この考え方の違いが、「情報の一元化」と「検索先の一元化」の違いになるわけです。そして、超短期又は短期で合格する人の多くの考え方は、後者になります。そのような人の本棚は一見してバラバラになっているように見えますが、その人はどこに何の本があるかをわかっているのです。

情報の一元化は、**短期合格・超短期合格の大敵である「生真面目」の象徴**です。なお、「生真面目さ」は、実務に出ると必要な要件となります。登記の仕事は、1文字の間違いが、大きなミスにつながるので、生真面目に書類のチェックをすることが要求されます。

しかし、それは実務に出てからの話であり、試験には当てはまりません。**実務と試験は、違います**。

Column

そもそも情報の一元化とは？

そもそも情報の一元化とは、どこからきた考え方なのでしょうか。それは、実は勉強ではなく、「仕事」からきた考え方なのです。会社における情報の一元化とは、たとえば、ある部署のすべての社員が業務報告を部長にすること（部長が情報の集約先）や、今の時代であれば社内の人間のみ使用できるネットワークを作り、そこに情報を集約すること（社内ネットワークが集約先）が挙げられます。

情報の一元化は、会社においては必要です。なぜなら、多数の人間が集まって仕事をするので、1つの場所に情報を集約し、そこに問い合わせれば知りたい情報がわかるというようにしておかなければならないからです。しかし、試験勉強は多数の人間が集まってするものではなく、1人でするものです。よって、自分さえどこにあるか（どこを検索すればよいか）がわかっていればよいのです。

多数の人間の存在を前提とした情報の一元化を、1人で行う勉強に当てはめようとしたことからも、情報の一元化がミスリーディングであるということがわかります。

第7章

アウトプットの常識を変える

――リアリスティック15

私は、自分の基礎講座をご受講頂いている方に、「直前期には余裕がある方以外はカコ問を解く必要はなく、テキスト中心で学習して下さい」と申し上げていますが、アウトプット至上主義者です。本試験では、問題を解く、つまり、学習したことを思い出すことが求められるわけですから、アウトプットが最も重要です。

この説明をお読みになり、「?」が浮かんだ方は、アウトプットの概念を間違って捉えています。現在では少しずつ変わってきているのですが、今でも「アウトプット＝問題を解く」という捉え方が、受験界の大勢を占めています。このようにアウトプットの概念を狭く捉えてしまうことが、アウトプットの機会を大幅に減少させ、学習効率を下げていることは間違いありません。

みなさんには、アウトプットの本当の意味を知って頂き、アウトプットの幅を広げて頂きたいと考えています。この「アウトプットの常識を変える」と、第6章でご説明しました「検索先の一元化」が、学習全体にわたっての〝肝〟となります。

第1節

インプットとアウトプット

アウトプットの本当の意味を考えるには、インプットとともに考える必要があります。なぜなら、インプットとアウトプットは、その領域を異にする概念であり、片方の領域が決まれば他方の領域が決まるという関係性にあるからです。一般的には、インプットとアウトプットは、次のように言われています。現在でも、これが大勢を占めています。

・インプット：テキストや六法の学習
・アウトプット：カコ問、答練、模試などの問題演習

こう考えると、アウトプットの対象が問題演習に限定されますので、アウトプットの機会が非常に少なくなります。

これは、間違っています。では、アウトプット（インプット）の本当の意味とは、何なのでしょうか。難しく考える必要はありません。単純に言葉の「意味」を考えます。ある言葉の意味がわからない時は、どうしますか。辞書を引きますよね。では、インプット（Input）とアウトプット（Output）を辞書で引いてみましょう。そうすると、次のような意味が記載されています。

・Input：入力する
・Output：出力する

どこにも、「テキストや六法の学習」「カコ問、答練、模試などの問題演習」につながる意味は記載されていません。この「入力する」「出力する」を勉強に素直に当てはめると、次のようになります。

・Input：入力する → 頭に入れる
・Output：出力する → 頭から出す

これが、インプットとアウトプットの勉強における正しい意味です。よって、初めて法律を学習する時にテキストや六法を読むことはインプットになります。そして、問題を解く時は、テキストなどで学習したことを思い出す（頭から出す）ので、アウトプットとなります。

では、ここで考えて頂きたいのですが、**「問題を解く時以外、頭から知識を出さないのですか」**。これが、アウトプットの常識を変える視点です。アウトプットは、頭から知識を出す、つまり、本番で問題を解いている時に学習したことを思い出せるようにするための練習です。そうであるならば、問題演習に限らず、テキストや六法の学習においても、アウトプットが可能です。

第2節

下からではなく上から

1「下からではなく上から」とは?

カコ問など、問題演習をアウトプットと捉え本試験に備える方は、「下手な鉄砲も数撃ちゃ当たる」という方針で学習することになってしまいます。図示すると、下の図のようになります。

この図が何を表しているかというと、カコ問などの問題演習で本試験に備えようとすると、本試験に上手く当たらない可能性が高いということです。なぜなら、本試験はカコ問と同内容の知識が6割前後出題されますが、近年の本試験では、次のように出題されることがよくあるからです。

①形を変えて出題される
②二つのカコ問を組合わせて出題される

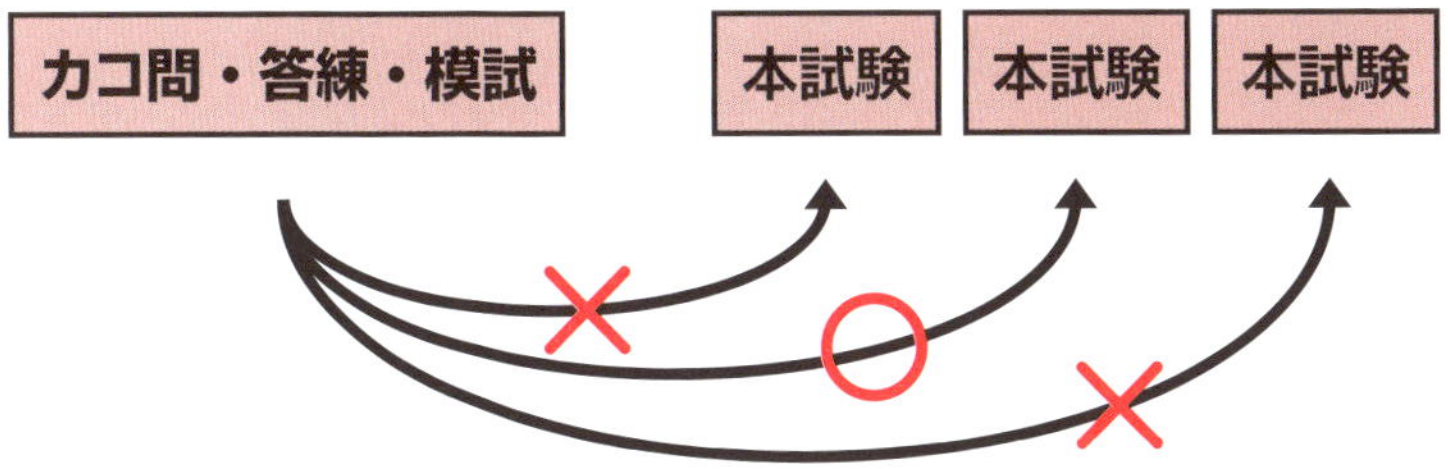

【平成 21 年度　午後　第 1 問】

貸金返還請求訴訟における裁判所に対する自白の拘束力の有無に関する次のアからオまでの記述のうち、判例の趣旨に照らし正しいものの組合せは、後記１から５までのうちどれか。（省略）

エ「被告は、A に対し、以前から、事業に失敗したので借入先として原告を紹介してほしいと依頼していた。」との原告の主張に対し、被告はこれを認める旨陳述した。この場合、裁判所は、被告の自白に拘束される。

（A. 誤り）

【平成 23 年度　午後　第 4 問】

教授：それでは、当事者の一方が主張している間接事実を他方の当事者が争っていない場合には、裁判所は、その事実と異なる事実を認定することができますか。

学生：オ　いいえ。原告が主張する間接事実について被告が争わない場合には、裁判所は、その事実に拘束されますので、これに反する事実を認定して裁判の資料とすることはできません。

（A. 誤り）

①のほうが②よりも多いのですが、どちらも近年の本試験ではよくあることです。実際にどのようなものかを見てみましょう。

①（形を変えて出題される）について

上の問題をご覧下さい。これらが、同じ知識を聞いている問題であるということがわかるでしょうか。どちらも、「弁論主義第２テーゼ（※）の『事実』には、間接事実は含まれないため、間接事実に対する当事者の自白は裁判所を拘束しない（最判昭41・9・22）」という知識を問うものです。

※弁論主義第２テーゼとは、簡単に言うと、「請求を直接的に基礎付ける事実（主要事実）について、当事者双方が『間違いない』と言っているのであれば、裁判所も『間違いない』として扱わなければいけませんよ」という原理のことです。

【平成 6 年度　午前　第 5 問】

エ　民法上、錯誤の場合には、無効を主張することができる期間についての定めはないが、詐欺の場合には、取消権を行使することができる期間についての定めがある。

(A. 正しい)

オ　錯誤の場合には、A は、すべての第三者に対して、無効を主張することができるが、詐欺の場合には、A は、すべての第三者に対して取消しを主張することができるわけではない。

(A. 正しい)

【平成 23 年度　午前　第 5 問】

【事例】

A は、B が営む骨董屋の店内に陳列されていた彫刻甲を著名な彫刻家 C の真作であると信じて購入した。ところが、実際には、甲は、C の真作ではなかった。

(中略)

教授 :【事例】において詐欺を主張するか、錯誤を主張するかで、他に異なる点はありますか。

学生 : オ　詐欺による取消しについては、AB 間の売買契約を前提として新たに法律関係に入った善意の第三者を保護する規定や取消権の行使についての期間の制限の規定があるのに対して、錯誤については、このような明文の規定がないことが挙げられます。

(A. 正しい)

どちらも、同じ知識を聞いていますが、平成21年度（午後）第1問・エは事例で聞き、平成23年度（午後）第4問・オは最判昭41・9・22の判旨の表現を少し変えた聞き方です。つまり、「具体（平成21年度）→抽象（平成23年度）」という出題形式の変化です。これと逆のパターンの「抽象→具体」ということもよくあります。

②(二つのカコ問を組合わせて出題される)について

続いて、上の問題をご覧下さい。これらの問題の関係は、次のようになっています。

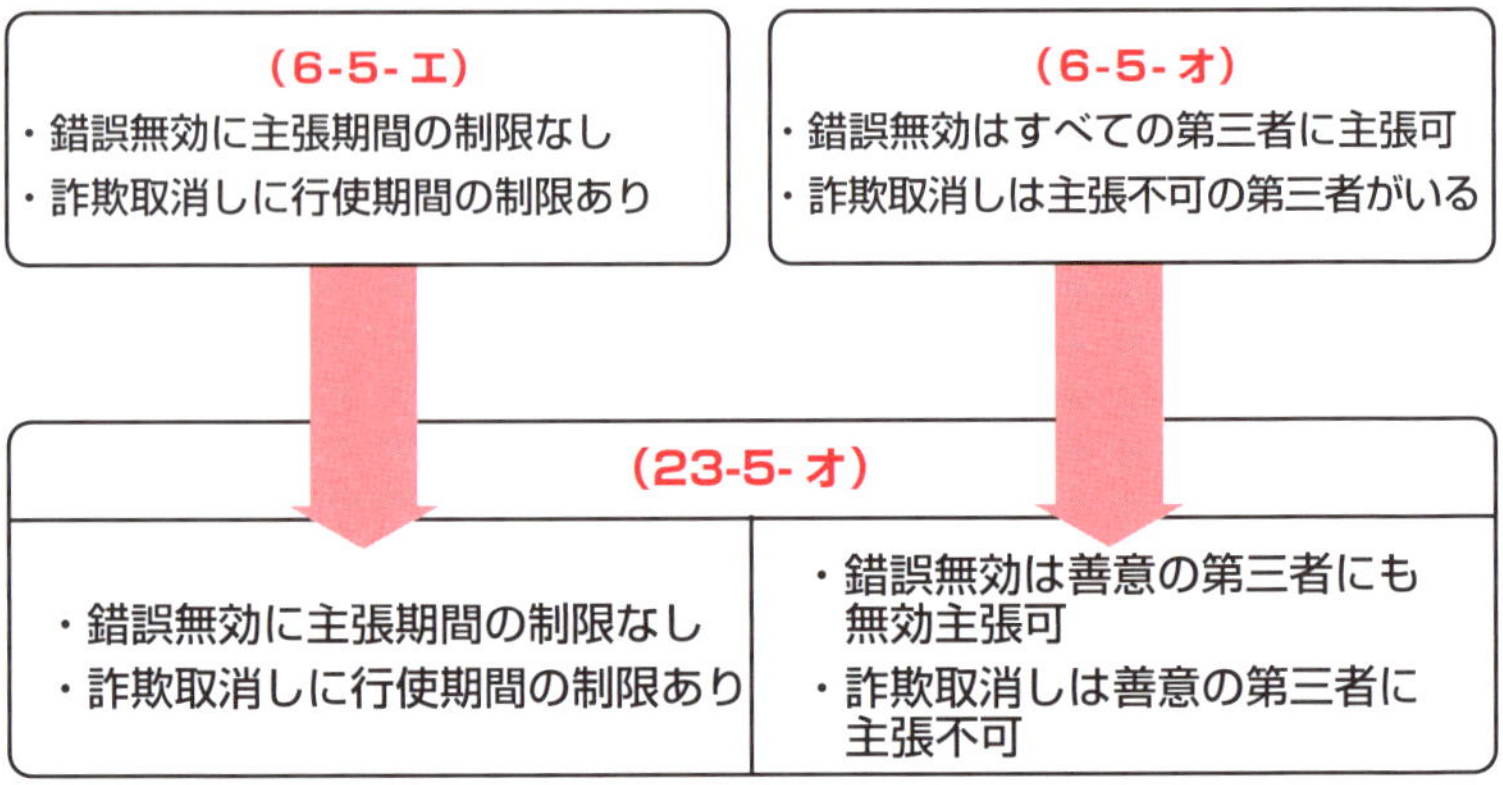
(6-5-エ)
・錯誤無効に主張期間の制限なし
・詐欺取消しに行使期間の制限あり
(6-5-オ)
・錯誤無効はすべての第三者に主張可
・詐欺取消しは主張不可の第三者がいる
(23-5-オ)
・錯誤無効に主張期間の制限なし
・詐欺取消しに行使期間の制限あり
・錯誤無効は善意の第三者にも無効主張可
・詐欺取消しは善意の第三者に主張不可

つまり、平成6年度（午前）第5問・エで問われた「錯誤無効に主張期間の制限はないが（明文規定なし）、詐欺取消しに行使期間の制限がある（民法126条）」という知識と、平成6年度（午前）第5問・オで問われた「錯誤無効はすべての第三者に主張することができるが（明文規定なし）、詐欺取消しは主張できない第三者がいる（民法96条3項）」という知識を併せて出題されたのが、平成23年度（午前）第5問・オです。

このように、カコ問と同じ知識が問われたとしても、その問われ方は変えられることが多々あります。

私が出した例は一例にすぎず、カコ問の変え方は他にもあります。条文問題を事例問題にする、正誤問題を空欄補充問題にする、判例問題を学説問題にする、など様々な方法があります。

たとえば、私が「このカコ問の問い方を変えて新たな問題を作ってくれ」と言われれば、いくつかはすぐに作ることが

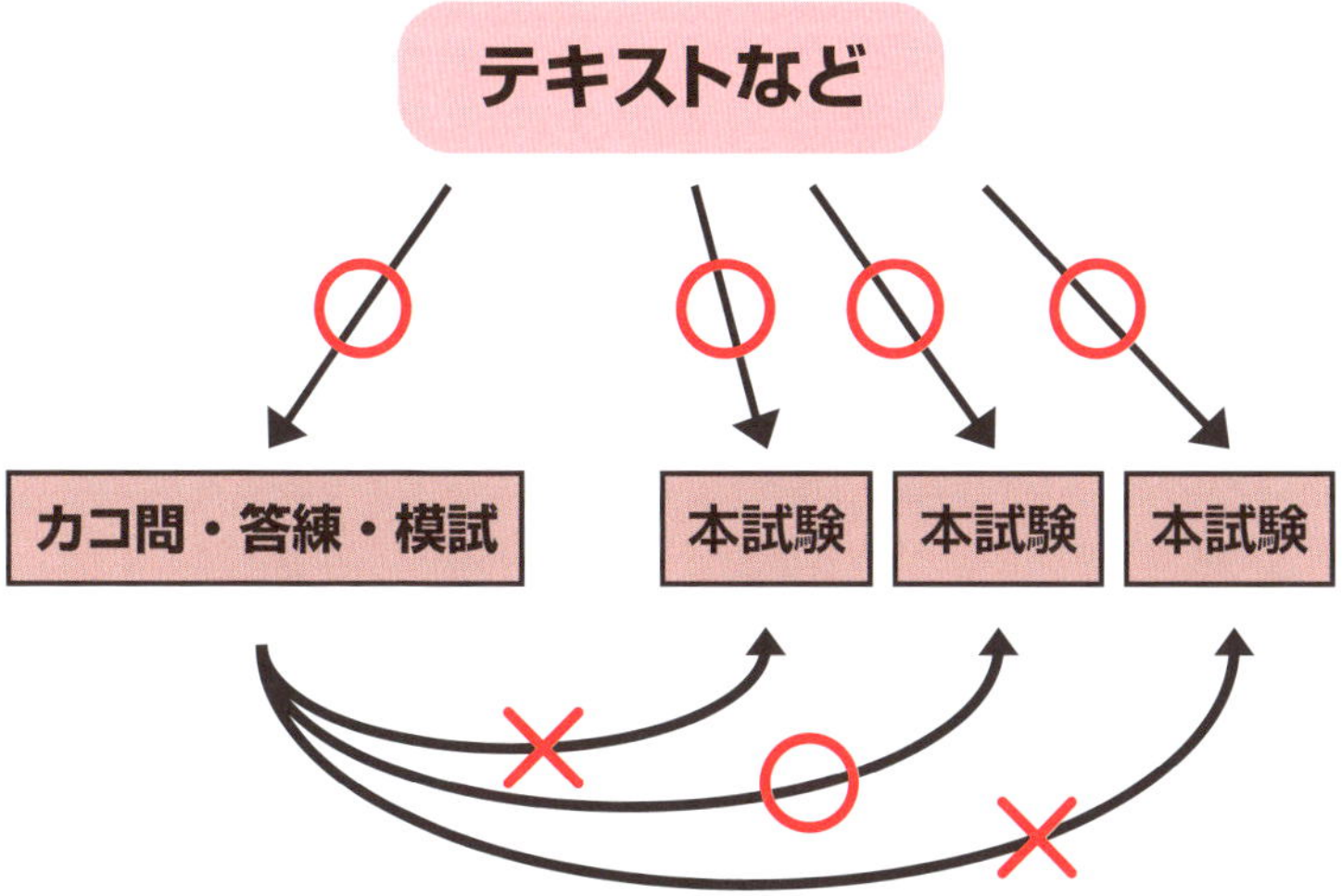

できます。

よって、みなさんは、上の図のように下からいくのではなく上からいって下さい。

カコ問、答練、模試、そして本試験の出題の元となる条文や判例などを解説したテキストをアウトプットの中心にし、それが思い出せるようになれば、あとは当てはめるだけですので、形を変えられようが、二つのカコ問を組合わせて出題されようが得点することができます。

2 高度な当てはめ力は求められない

「テキストをアウトプットできるようになれば、あとは当てはめるだけで対応できる」とご説明しました。このように申し上げると、「当てはめが難しいので、その練習をしないといけないのではないですか?」と質問されることがあります。

①木村真人は、彼女の前野優美に、「今年ジャイアンツが優勝したら、エルメスのバッグをプレゼントするよ」と約束した。しかし、2人は野球には疎く、現在のペナントレースの順位など全く知らなかった。そして、真人が優美にこの約束をした時点で、既にジャイアンツはセリーグの4位以下が確定しており、優勝する可能性はなかった。このとき、真人は優美にエルメスのバッグをプレゼントしなければならないか？

②停止条件付法律行為の当時、条件が成就しないことが確定していた場合において、当事者がそのことを知らなかったときは、その行為は、無条件の法律行為とみなされるか？

この①及び②は、どちらも聞いている知識は同じ。
次の条文知識を聞いている

【民法 131 条（既成条件）】

2　条件が成就しないことが法律行為の時に既に確定していた場合において、その条件が停止条件であるときはその法律行為は無効とし、その条件が解除条件であるときはその法律行為は無条件とする。

たしかに、全く当てはめの練習をしなければ、本試験で当てはめができないと思われます。しかし、司法書士試験では高度な当てはめ力は求められませんので、カコ問を1回（又は2回）回し、（余裕がある方は）答練を受け、模試を受けるという程度の問題演習を行っておけば十分対応できます（当てはめ力が弱いという方は、少し当てはめの練習の機会を増やしても構いません）。

それでは、「司法書士試験では高度な当てはめ力が求められない」ということを検証していきましょう。突然ですが、上の二つの問題の答えを考えてみて下さい。

条件が成就した場合に効力が発生する（問題①で言えば、バッグをプレゼントしないといけなくなる）停止条件ですが、法律行為の時（契約などをした時。問題①で言えば、約束をした時）にその条件が成就しないことが確定していた場合には（問題①で言えば、ジャイアンツが優勝する可能性がないことが確定していた場合には）、その法律行為（契約など。問題①で言えば、バッグをプレゼントするという約束）は無効となるというのが、民法131条2項が規定していることです。よって、問題①も②も、無効となります。

問題①も②も民法131条2項の知識を聞いていますが、②のほうしかわからなかったという方が多いと思われます。なぜなら、①のほうは、「成就しない」「停止条件」など、民法131条2項の文言を敢えて使用しなかったからです。つまり、〝事実のみ〟を示したのです。

これが、まさに三段論法です。三段論法とは、ごく簡単に言うと、「事実をルール（条文や判例など）に当てはめると、結論が出る」というものです。そして、この三段論法を行うのが、「当てはめ」です。

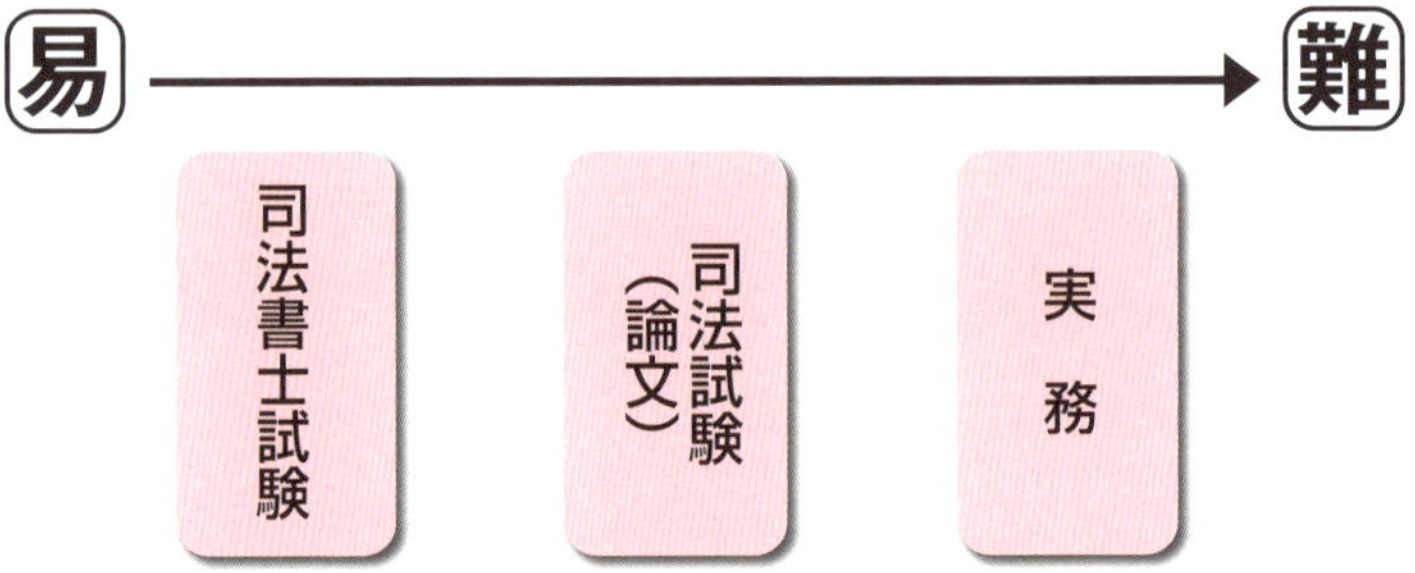

しかし、司法書士試験において、この「当てはめ」は高いレベルが求められません。Ｐ１７２の問題②をご覧頂ければわかりますが、当てはめではなく、単純に「あなたには、民法１３１条２項の知識がありますか?」ということを聞いています。

事例問題にしたとしても、Ｐ１７２①のようなものではなく、ごく簡単に「Ａ」「甲土地」などと表示されているだけで、そこには法律用語も記載されていることがほとんどであるため、高度な当てはめは求められません。

司法書士試験の当てはめのレベルは、上の図のような位置にあります。司法書士試験は、高い当てはめ力が求められる試験ではありませんが、「司法試験の論文」になりますと、その難易度は上がります（司法試験でも短答の当てはめのレベルは司法書士試験と大きく変わりません）。司法試験の論文試験は、基本的には、事実が示され、それと関連する法令などを自分で探し出し、問題点などを記載するという試験です。自分で法令などを探すため、論文試験では六法を参照することができます（ただし、試験当局側が用意したものになります）。

さらに高い当てはめ力が求められるのが、「実務」です。P172の問題①もそうですが、弁護士や司法書士に相談するお客様は、当然、事実のみをお話になります。その事実を聴き取り、どの法令（又は判例など）を使用するかを決め、事件を解決に結びつけるのが法律家の仕事です。しかし、実務で考慮しなければいけない法令は、試験のように限定されているわけではありません。たとえば、お金の貸し借りにしても、民法や民事訴訟法だけでなく、利息制限法や貸金業法なども考慮しなければなりません。また、お客様は事件の解決に関係のないことも多くおっしゃりますし、逆に事件の解決に必要なことをおっしゃってくれないということもよくあります。そこで、事件の解決に必要な事実を取捨選択する、又はお客様から聴き出すといったことも必要になります。よって、実務の当てはめが最も難しいのです。

当てはめ力の一端を担っているのは、「必要な法令などを持ってくる（探してくる）力」です。ここで司法書士試験の話に戻しますと、司法書士試験の試験委員がみなさんにこの当てはめ力について高い水準を求めていないということは、本試験の問題を見ると明らかです。たとえば、次のページの問題をご覧頂き、試験委員が高い当てはめ力を求めていないことがわかるでしょうか。

注目して頂きたいのは、肢ではなく、問題の冒頭の「財産権に関する」という部分です。これは、**「今から財産権について聞きますよ」と言っている**わけです。これにより、受験生の方は、テキストで

【平成 24 年度　午前　第 1 問】

財産権に関する次のアからオまでの記述のうち、**判例の趣旨に照らし正しいもの**の組合せは、後記 1 から 5 までのうちどれか。

ア　憲法第 29 条第 1 項は、私有財産制度を保障しているのみでなく、社会的経済的活動の基礎を成す国民の個々の財産権につき、これを基本的人権として保障した規定である。
（以下省略）

「財産権に関する」
という記載をとると…

【平成 24 年度　午前　第 1 問】

次のアからオまでの記述のうち、**判例の趣旨に照らし正しいもの**の組合せは、後記 1 から 5 までのうちどれか。

ア　憲法第 29 条第 1 項は、私有財産制度を保障しているのみでなく、社会的経済的活動の基礎を成す国民の個々の財産権につき、これを基本的人権として保障した規定である。
（以下省略）

あれば憲法29条の財産権について記載された箇所から考えればよいということになります。

このような「○○に関する」という記載は、ほとんどの問題につけられています。「債権者代位権に関する」「民法上の留置権と同時履行の抗弁権に関する」などといった具合です。しかし、このような記載は、なくても問題は成立します。

たとえば、例に出しました平成24年度（午前）第1問ですが、「財産権に関する」という記載を取っても問題としては成立しています。そして、こちらのほうが問題としては難しくなります。肢を見て、財産権に関する論点だということを思い出さなければいけなくなるからです。

しかし、司法書士試験は「財産権に関

する」という〝ヒント〟を与えていますので、**「高い当てはめ力は試験では聞きませんよ」と言っているようなもの**なのです。

このような理由から、問題演習はカコ問を1回（又は2回）、（余裕がある方は）答練及び模試という程度に留め、テキストのアウトプットを重視することをお薦めします。

3 記述の当てはめのレベル

司法書士試験が高い当てはめ力を求めていないということは、択一にはそのまま当てはまります。しかし、記述になると、少し変わってきます。記述は、事実関係や別紙（契約書などが示されます）から、実体及び手続の判断をしなければなりません。つまり、事実関係や別紙からこれまで勉強してきた知識を思い出さなければならないのです。当てはめのレベルは、択一よりも高くなります（司法試験の論文や実務ほどではありません）。

よって、記述の問題演習の重要性は、択一よりは高くなります。

第8章

「読み込み」をしないテキストの読み方

本章から第10章までは、今まで以上に具体的な法律知識の話が多くなります。初学者の方は、途中で辛くなるかもしれませんが、非常に重要な話ですので、法律知識の内容がわからなくても、それは気にせず、勉強法のポイントを読み取って下さい。

第1節

「読み込み」という考え方が間違っている
――リアリスティック16

1 「読み込み」は単なる読書

まず、テキストの読み方において最も重要なことを確認しましょう。それは、「読み込み」をしないということです。よく「テキストの読み込みをすることが重要である」と言われます。

しかし、このように言われていることが、テキストの学習を非効率的なものにしています。なぜなら、「読み込み」とは単なる読書だからです。集中して読書をしているにすぎません。

小説や実用書を何回も集中して読まれたことはあると思います。では、その後、その本に書いているることを問題形式で聞かれて、答えられましたか。おそらく自信がないのではないかと思います。試験勉強におけるテキストも、同様です。単に集中して読書をしただけでは、そこに書いていることを問題として聞かれても(これが本試験です)、印象に残っている一部の知識しか答えられません。

Column

1回目ではわからないこともある

法律を初めて学習する方がテキストを読んでも、最初の1回目は、何を言っているのかがわからない箇所が必ず出てきます。法律というものは、「後で学習することを理解しないとわからない」「別の科目を学習すると理解できる」ということが、往々にしてあるからです。

たとえば、次のことはほとんどの受験生の方が口にすることです。

- **民法の物権は、不動産登記法を学習してより理解が深まる**
- **不動産登記法及び商業登記法は、記述の学習をしてイメージが湧くようになる**

法律の学習は、このようなものですので、第4章第1節でご説明しましたとおり、ノルマを最優先にして、完璧な理解を求めないで下さい。

今、疑問に思われていることは、後で理解できることかもしれません。

それでは、テキストに書かれている知識を、問題を使って思い出せるようにしておけばよいのでしょうか。それは、第7章でご説明しましたとおり、違います。問題形式では断片的な一部の知識しか身につきません。

最も効率的なテキストの読み方とは、**思い出し方を考えつつ、アウトプットをしながら読み進めていくこと**です。その具体的な方法を、本章でご説明していきます。

第2節

テキストの読み進め方

――リアリスティック17

テキストの「思い出し方の作り方」については次の第3節で、アウトプットの方法については第4節でご説明します。本節では、テキストを理解するために、どのようにテキストを読んでいくのかというご説明をします。

よって、主に、本節及び第3節がテキストを初めて読む時に関する話であり、第4節がテキストを2回目以降に読む時の話です（ただし、2回目以降に本節の読み進め方、及び第3節の思い出し方の作り方を使用することもあります）。

1 テキストにアンダーラインやマーカーを引くことの可否

アンダーラインやマーカーを引くことで勉強した気になってしまう弊害があるため、アンダーラインやマーカーを引くべきではないという考えもあります。

しかし、アンダーラインやマーカーを引いたほうが印象に残り、思い出しやすくなると言われていますので、その効用を捨てるべきではありません。また、後でテキストを参照する時も、適切な箇所にアンダーラインやマーカーを引いていたほうが、目的の箇所に素早くたどり着けます。よって、アンダーラインやマーカーは引くべきです。

なお、アンダーラインとマーカーのどちらにするかは、好みで決めて下さい。色は、一色にする必要はありません。次の色使いはあくまで参考ですが、私が講義や自身の学習で使用している色使いです（なお、私はアンダーラインを使用します）。

・赤…試験に出る箇所
・青…理由・趣旨
・緑…複数の知識に関係する視点
・黒…試験に出ない

赤が、基本的に試験に直接的に出る箇所に引くものです。たとえば、民法93条の心裡留保の説明で「相手方が悪意又は有過失であれば無効である」という説明があれば、「有過失」「無効」に赤のアンダーラインを引きます。

青は、理由や趣旨が記載されている箇所に使います。「赤が、基本的に試験に直接的に出る箇所」とご説明しましたが、理由や趣旨から出ることもありますので（たとえば、平成19年度〈午後〉第4問・ウ・エ）、この青で引いた箇所が直接問われないとは言い切れません。しかし、基本的には赤で引いた箇所を思い出すためのツール（理由・趣旨）となります。

緑は、複数の知識に関係する視点についてアンダーラインを引いたり、書き込んだりします。この緑でアンダーラインを引いた箇所又は書き込んだ箇所の視点によって、いくつもの知識を思い出すことができますので、最も重要なものとなります。この緑でアンダーラインを引いたり、書き込んだりする箇所は、たとえば、本書でこの後出てくる「共通する視点」（本章第3節**2**参照）などがあたります。

黒は、試験には直接的に出ない箇所です。試験には出ないがイメージを持たせるために記載されている実務の話などがこれにあたります。

私と同様の色使いをする必要はありませんが、色使いを決めていない方はご参考にして頂ければと思います。

なお、独学ですと、そもそもどこにアンダーラインやマーカーを引いてよいかがわからないことが普通です。青は、理由・趣旨ですのでわかると思いますが、赤の試験に出る箇所などは、最初はわかりません。それを判別するツールは、「カコ問」です。テキストを読んだ後にカコ問を解くことになりますが、その時に、その肢の正誤を判断するにあたってポイントとなった知識が赤でアンダーラインやマーカーを引く箇所になります。

そして、カコ問からテキストのポイントがわかったら、まだ出題されていない要件などが次に赤でアンダーラインやマーカーを引く箇所になります。この時点ではある程度学習が進んでいますのでで、どのあたりが試験でポイントになるかがわかります。

2 組織図やチャート図などを参照

これは、よく言われていることですが、普通にテキストを読み進めていると、現在自分がどこを学習しているかの意識がなくなってしまい、問題を解いた時に、「テキストで見た記憶はあるが、どこの話だったかを思い出せない」ということが起こります。学習対象が、体系上どこに位置するかを意識していないため、体系的な整理ができていないことが原因です。

その対策として、テキストの目次をコピーして随時参照するということはよく言われます。それも有効な手段ですが、それ以外にも「テキストに掲載されている組織図やチャート図などをコピーしていつでも参照できるようにする」という方法も採り入れて下さい。たとえば、民事訴訟法という科目では、民事訴訟法全体にわたる非常に重要な「4段階構造」というものがあります。次のページのようなものです。

民事訴訟法を学習する際には、この民事訴訟法の4段階構造のうち、今はどのレベル（「請求レベル」「法律レベル」「事実レベル」「証拠レベル」）を学習しているかを意識しているかが重要となります。なぜなら、レベルによって、考え方が異なるからです。

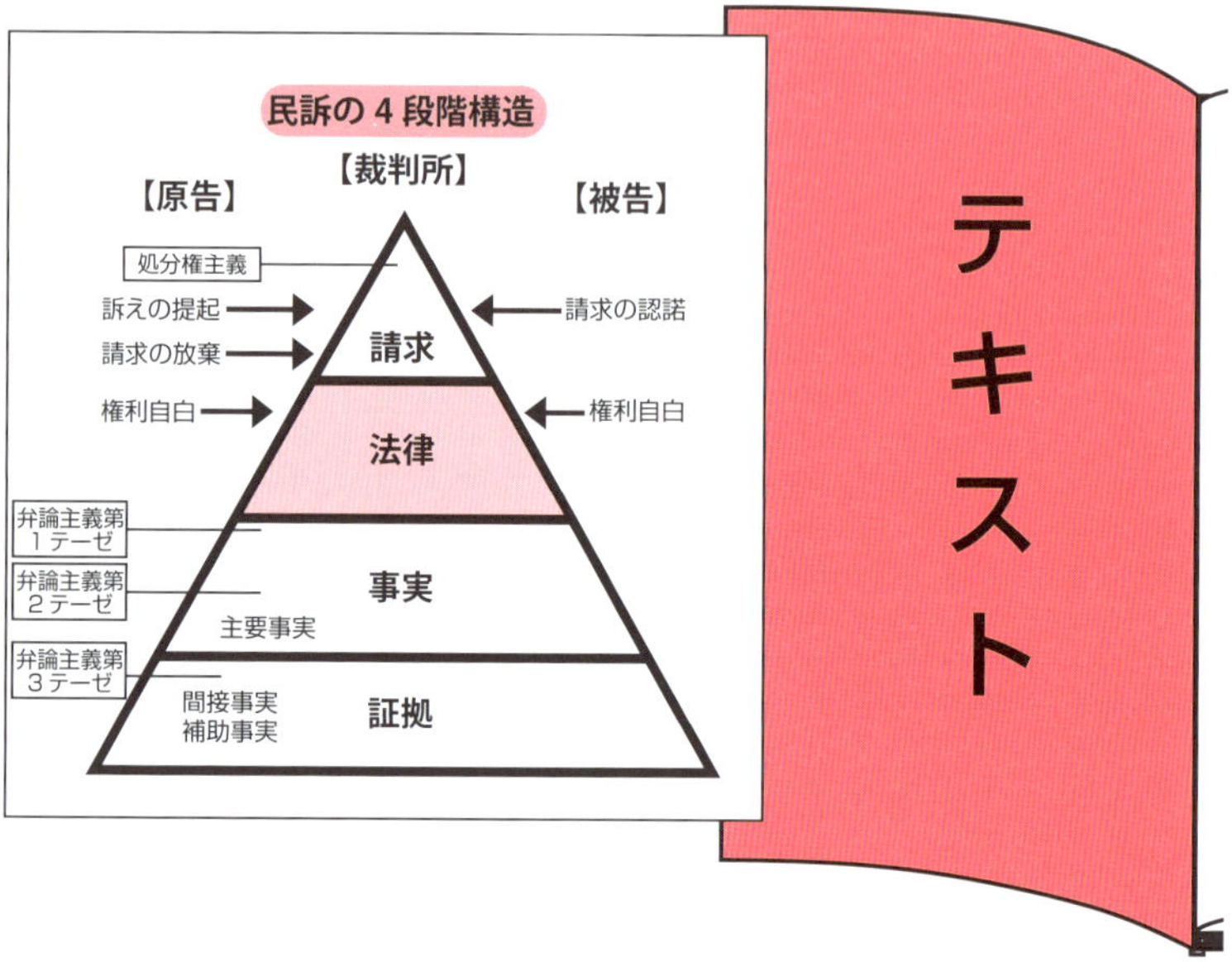

たとえば、一番上の請求レベルは、私的自治の原則が前面に出てくるところであるため、当事者に主導権が認められます。それに対して、次の法律レベルは、法律の適用という裁判所の分野ですので、主導権は裁判所が握ることになります。

この民事訴訟法の4段階構造は、民事訴訟法全体にわたって関係してくるため、いつでも参照できるように、民事訴訟法のテキストの最初のページに、上の図のように貼るべきです。

これ以外にも、会社法の募集株式の発行等の手続の流れや民事執行法の強制競売の手続の流れのチャート図など、学習位置を確認するのに役立つような組織図やチャート図はコピーしてすぐに参照できるようにテキストに貼り付けて下さい。

リアリスティック民法Ⅰ
第２章　総則　　42

4 錯誤

【設例】

Ａは、骨董品店で甲という壺を購入しようとしたが、誤って「この壺（乙）を下さい」と言い、乙という壺を購入してしまった。Ａは、骨董品店に、壺の売買契約の無効を主張することができるか？

なお、Ａには言い間違えたことに重大な過失がある。

3 テキストの事例を変える

テキストには、上に挙げたような記載があることがあります。

みなさんは、骨董品店に行かれたことがあるでしょうか。壺を購入したことがあるでしょうか。ある方もいるかもしれませんが、私は、人生で一度も骨董品店に行ったことはありませんし、壺を買ったこともありません。

このように、テキストの設例や具体例はイメージしにくいこともあります。そのテキストの著者に責任があることもありますが（できる限り多くの方がイメージしやすいような設例や具体例にするべきです）、**すべての人がイメージできる設例や具体例などというものは、この世に存在しません**。人によって、育った環境も人生経験も異なります。

リアリスティック民法Ⅰ
第２章　総則　　52

4 錯誤

【設例】

Aは、骨董品店で甲という壺を購入しようとしたが、誤って「この
私　　CD ショップ　AKB48 の CD
壺（乙）を下さい」と言い、乙という壺を購入してしまった。Aは、
SKE48 の CD　　　　SKE48 の CD　　　　　　　　　私
骨董品店に、壺の売買契約の無効を主張することができるか？　なお、
CD ショップ　CD
Aには言い間違えたことに重大な過失がある。
私

よって、テキストの設例や具体例がご自身にとってわかりにくいのであれば、変えて下さい。たとえば、例に挙げた骨董品店と壺であれば、上に挙げたように変えることができます。

今時はＣＤを購入される方は少ないかもしれませんが、ＣＤとしておけば、ご自身の好きな歌手や曲名に変更することが容易であるため、壺をＣＤにしておきました。

ＡＫＢ48のＣＤを購入しようとしたら、ＳＫＥ48のＣＤを購入してしまったということは起こり得ることなので、このような例にしましたが、関ジャニ∞とHey! Say! JUMPにして頂いても、何でも構いません。

ここで一つポイントがあります。それは「できる限り自分を入れる」ということです。自分を入れたほうが「イメージ」が湧きますし、「感情」が入ります。この**イメージと感情は記憶の**

大きな助けとなりますので、他の箇所でも意識しておいて下さい。

また、これ以外にもテキストの記載を変えたほうがイメージしやすいこととして、「地域名」が挙げられます。たとえば、民事執行法という科目で複数の裁判所が出てくることがありますが、その時に出てくるのは、大抵は「東京地方裁判所」「横浜地方裁判所」など、関東圏の地域名です。この場合、大阪にお住まいの方であれば、「大阪地方裁判所」「京都地方裁判所」などと変えて頂いて結構です。そちらのほうがイメージが湧くでしょう。

このように、テキストの設例や具体例は、ご自身にとってわかりやすいものに変えながら読んで下さい。

なお、ご注意して頂きたいのは、変えるのは設例や具体例に出てくる動産の種類などであって、設例や具体例で問題となっている論点自体が変わってしまうような変更をしてはいけません。学習の初期段階では、この判断が難しいので、最初のうちは次のレベルの変更に留めて下さい。

①動産であれば変更後も動産にする(不動産には変更しない)、また、不動産であれば変更後も不動産にする(動産には変更しない)

②親族関係・相続関係が出てきた場合に、自分の親族を当てはめる

①について

動産と不動産では、適用される法令が異なることがよくありますので（民法177条と民法178条など）、動産から不動産への変更、又は不動産から動産への変更はしないほうが無難です。

②について

これは、テキストの親族関係又は相続関係を変更するという意味ではなく、単に「A」「B」などとなっているところに、ご自身の親族を当てはめてイメージするということです。

このような変更であれば、論点が変わってしまうことはほとんどありません。

なお、「テキストの設例や具体例を変更してしまうと、特別法が適用されることになり、結論が異なることがあるのではないか？」と思われた方もいるかもしれません。

たしかに、そうなる場合もありますが、その点は考慮する必要はありません。試験科目にない特別法は基本的に試験範囲外であるため、たとえそれが適用されようとも気にする必要はありません。試験勉強は、試験に受かる、つまり、本試験において点を獲ることだけを考えればよいのであり、それ以外は一切必要ありません。試験は、合格するかしないかだけが問題なのであり、それ以外は一切関係がありません。

よって、実際に特別法（法令Aに優先して適用される法令Bがある場合に、法令Aを「一般法」、法令Bを「特別法」と言います。民法〈一般法〉と商法〈特別法〉の関係がこれにあたります）が適用されるかなどということは考える必要がないのです。

それに、そもそも特別法を考慮せずに作られているテキストも多々あります。

たとえば、不法行為において、「加害者の過失により車にはねられた」という例が挙げられることがあります。不法行為（民法709条）の場合、その要件である加害者の故意又は過失は、（債務不履行と異なり）被害者（債権者）が立証しなくてはならないということを学習しますが、自動車事故の場合には「自動車損害賠償保障法」という特別法が適用されるため（事案によっては、民法を使うこともあります）、加害者のほうが自己に過失がなかったということを証明しなくてはならなくなります（自動車損害賠償保障法3条ただし書）。しかし、そんなことを司法書士試験の学習において考慮する必要は一切ありません。自動車損害賠償保障法が試験で問われることがないからです。

4 極端な例で考える

テキストの説明を読み、自分で理解していく時は、極端な例で考えたほうが記憶に残りやすくなります。

たとえば、会社法のテキストには次のページにあるような説明があります。

事業年度が毎年4月1日から翌年3月31日までの株式会社が、平成26年2月10日に、資本金の額を4億円から5億円に変更し、同年3月30日に、資本金の額を5億円から4億円に変更したとします(なお、この株式会社は、負債の額は一度も200億円以上となったことがありません)。

この場合、この株式会社は、大会社でない会社であり、平成26年2月10日から同年3月30日の間も大会社でない会社です。

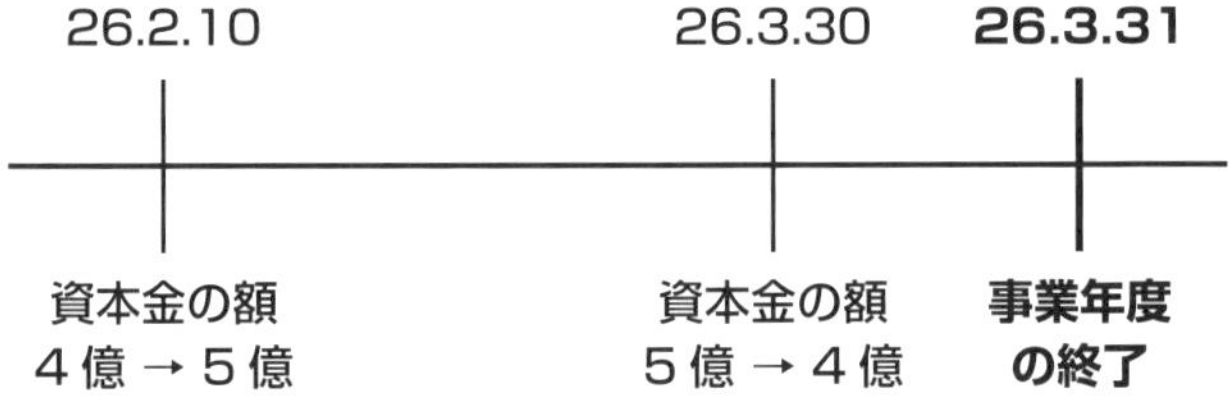

【理由】

大会社でない会社が大会社となるのは、資本金の額が5億円以上又は負債の額が 200 億円以上である貸借対照表が定時株主総会において承認された時です。

よって、上記の株式会社は貸借対照表作成の基準時である平成 26年3月31日(事業年度末日)においては、資本金の額が4億円であり、負債の額も200億円未満であるため、一度も大会社とはなっていないこととなります。

ここでは、「株式会社がいつの時点で大会社となるか？」ということが論点になっています。その答えは、「資本金の額が5億円以上又は負債の額が２００億円以上である貸借対照表が定時株主総会において承認された時」となります。よって、平成26年２月10日に資本金の額を４億円から５億円に変更し、事業年度の末日である同年３月31日より前の同年３月30日に資本金の額を５億円未満にしたのであれば大会社とはなっていないということになります。

このとき、テキストの変更後の資本金の額は、「５億円」となっていますが、たとえば、「事業年度の末日までに５億円未満に戻せば、資本金の額を１兆円にしても構わない」などと考えたほうがより印象に残ります。実際に１兆円もの出資を募ることができる株式会社が存在するかを気にする必要はありません。

このように、**テキストの説明を読み自分の頭で咀嚼《そしゃく》する時は、極端な例で考えたほうが記憶に残ります**。この例で言えば、「資本金の額を５億円にしたら」というテキストの例をそのままで考えるよりも、「事業年度の末日までに５億円未満に戻せば、資本金の額を１兆円にしても構わないんだな」と考えたほうが印象に残るのです。

5 感情を入れる

テキストを読む時、単純に「ああ、そういう制度があるんだな。へ～」などというように読み進

めてしまうのが通常ですが、それですと**他人事ですので印象に残りません**。一見、無味乾燥として
いるテキストを、できる限り自分事として考えて読んだほうが印象に残ります。

テキストに掲載されている事例などの実体験があれば、それが自然とできますが、テキストの事例のほとんどが実体験のないことだと思われます。人生経験があると、多少は実体験のあることが多くなりますが、それでもその数はたかが知れています。これは、司法書士、つまり、実際に仕事として法律を使っている者であっても同様です。

たとえば、不動産登記を業務のメインとしている司法書士であっても、所有権と抵当権（事務所によっては根抵当権も）以外の登記を扱うことはほとんどありませんので、用益権の登記の経験がないなどということは、よくあることです。業務として不動産登記を扱っていても、試験勉強の範囲内の不動産登記法の知識はわずかしか使用しないのです（ただし、試験勉強の範囲外の知識は多々必要となります）。

よって、誰しもが実体験のないことがほとんどとなりますので、想像力を働かせるしかありません。そして、**想像力を働かせる時に感情を入れるとより効果的**です。

それでは、実際にやってみましょう。次のページのテキストの記載は、会社法における、有限責任社員と無限責任社員の違いについてのものです。

このテキストの記載を読んで、「有限責任社員は出資額を超える責任は負わず、無限責任社員だ

リアリスティック会社法（商法）・商業登記法Ⅰ
第1章　会社法・商業登記法全体を俯瞰　7

【有限責任とは？　無限責任とは？】

漢字からわかるとおり、「責任」が「有限」か「無限」かということです（漢字には意味がありますから、漢字の意味から考えるということが第一です）。

この「責任」は、法人が負債を抱えたときに問題となります。法人が負債を抱えたときに、有限責任しかない社員は、出資した額を超える責任は負いません。つまり、出資した額がゼロになって終わりです。

それに対して、無限責任のある社員は、法人が負債を抱えたときに法人に弁済する資力がない場合には、出資した額に関係なく代わりに弁済しなければなりません。つまり、最悪の場合には、自分の預貯金から支払ったり、マイホームを売り払ったりしてでも支払わなければならなくなるわけです。

と出資額に関係なく責任を負うんだ」ということで止めてはいけません。それだけでは印象に残りませんので、ここに〝感情〟を入れます。

このテキストの記載を読んだ時に、「無限責任社員は、法人が失敗したら、自分の預貯金やマイホームが取られることがあるんだ。無限責任社員には、ならないようにしよう。なるならば、出資額を限度とする責任で構わない有限責任社員にしておこう」というように、感情を入れます。自身の感情が入ると、より主体的になりますので、こちらのほうが強く印象に残ります。

このように、できる限り、ご自身の感情を入れながらテキストを読み進めて下さい。

6 方言でツッコミを入れる

テキストは、もちろん標準語で記載されてい

リアリスティック刑法
第７章　共犯　89

【判例〈最判昭 32.11.19〉】

業務上占有者と非占有者が共同して横領をした場合、刑法 65 条 1 項により業務上占有者と非占有者ともに業務上横領罪の共同正犯が成立するが、刑法 65 条 2 項により非占有者は単純横領罪の刑で処断される。

【理由】

単純占有者が業務上占有者と横領をした場合には、不真正身分犯であるため、刑法 65 条 2 項により単純占有者は単純横領罪となります。にもかかわらず、非占有者が刑法 65 条 1 項により業務上横領罪で処断されるのは不合理です。よって、非占有者には、業務上横領罪の共同正犯が成立しますが、その処断は単純横領罪となります。

ます。しかし、方言のある地域にお住まいの方は、法律を標準語で考える必要はありませんし、テキストに書き込みをする時なども、標準語で書き込む必要はありません。

実際にやってみましょう。上に挙げたテキストの記載は、刑法における、共犯と身分の業務上横領罪についてのものです。

これは、「非占有者が、占有がないことで単純占有者よりも重い業務上横領罪で処断されるのは不合理であるため、業務上横領罪は成立するが、処断は単純横領罪となる」という点がポイントですが、「不合理であるため」などという理由では印象に残りにくいです。

そこで、たとえば、「非占有者が、占有がないから単純占有者よりも重い業務上横領罪で処断されるのはおかしいやないかい」などと、方言に置き換えたほうが印象に残ります。

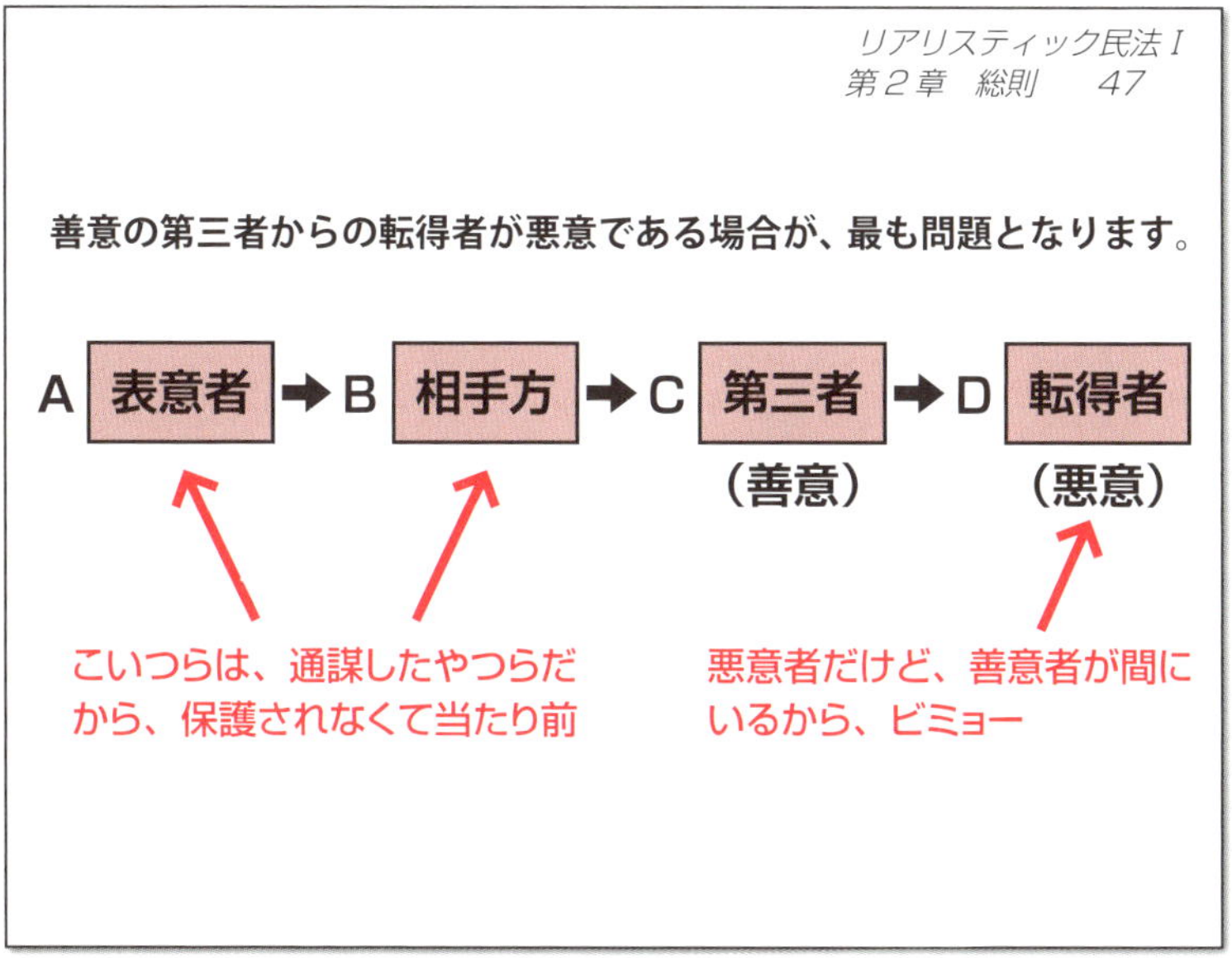
リアリスティック民法Ⅰ
第２章　総則　47
善意の第三者からの転得者が悪意である場合が、最も問題となります。
A 表意者 → B 相手方 → C 第三者 → D 転得者
（善意）
（悪意）
こいつらは、通謀したやつらだから、保護されなくて当たり前
悪意者だけど、善意者が間にいるから、ビミョー

書き込みをする時も、正確な法律用語ばかりを使おうとせず、「なんでやねん」「どないやねん」など、方言を使って書き込みをしたほうが印象に残ります。

7 少し汚い言葉で

テキストに書き込みをする時などは、少し汚い言葉を使用したほうが印象に残ります。たとえば、上に挙げたような書き込みをします。このテキストの記載は、民法における、通謀虚偽表示の第三者からの転得者についてのものです。

その趣旨は、方言と同じです。それは、**正確な法律用語ばかりを使おうとしない**ということです。テキストは、正確に記載しなければクレームがきてしまいますので、標準語で正確な用法

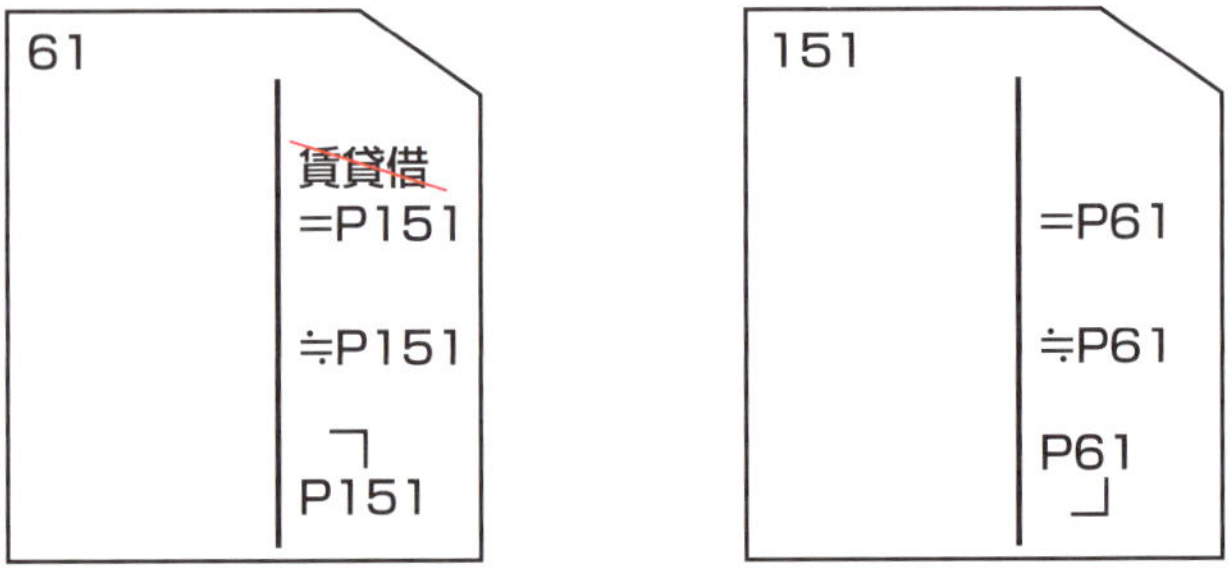

で記載されています。

しかし、テキストの内容を考える時や書き込みをする時も、それと同様にする必要はありません。難しい言い回しの法律を、方言や少し汚い言葉でわかりやすく考えて構いません。

8 リレイティング・リコレクト法

リレイティング・リコレクト（Relating Recollect）法とは、テキストに上に挙げたような書き込みをすることです。

これは、「61ページ」と「151ページ」の関連する箇所を結んでいるということです。記号の意味は、次のようになっています。

- 「＝」：同じことを言っている
- 「≒」：全く同じではないが、かなり近いことを言っている
- 「¬」：似た箇所であるにもかかわらず、言っていることが異なっている

これらの記号及びページ数をテキストに書き込んでいく目的は、次の三つです。

①関連させることにより本試験で他の事項と勘違いすることを防ぐ
②復習(アウトプット)目的
③不知の肢を推理する力をつける

①(関連させることにより本試験で他の事項と勘違いすることを防ぐ)について

司法書士試験は、委任と事務管理（平成16年度〈午前〉第19問、平成7年度〈午前〉第3問）など、制度の比較問題がよく出題されます。そのような問題に対応するために、関連する事項を結んでおくことが必要となります。

「関連事項であれば、まとめ本などの比較の表を利用すればいいじゃないか」と思われた方もいるかもしれません。

しかし、まとめ本などの比較の表がテキストよりもはるかに思い出しやすく工夫されたものであるという場合を除いて（この場合であればまとめ本などの比較の表を利用し、そちらを検索先にしても構いません）、このリレイティング・リコレクト法で関連付けるべきです。第6章第2節で申し上げましたとおり、一つの知識の検索先は一つにするべきです。

情報の一元化ではないため、まとめ本などの比較の表のほうがはるかに思い出しやすく工夫されたものである場合には、検索先をそちらにしても構わないのですが、第6章第2節のColumnで申し上げましたとおり、必要がないにもかかわらず情報を多元化するべきではありません。また、次の②で示すアウトプットのツールにもなりますので、基本的にはこのリレイティング・リコレクト法で関連付けて下さい。

②〈復習〈アウトプット〉目的〉について

この方法により関連付けることができる事項は、既に学習したものに限られますが、「関連付けないと」という意識があると、既に学習したものを思い出そうとしながらテキストを読み進めていけます。そして、関連事項が浮かんだら関連付けるということを繰り返しているうちに、自然と復習ができていることになります。

これは部分的な復習ではありますが、学習範囲の広い司法書士試験においては、テキストを進めると同時に、部分的にでも復習をしていくことが重要となります。既に学習した範囲に全く触れずに、最後の科目まで進めてしまうと、最後の科目が終わり最初の科目に戻った時には、全く思い出せないということになってしまいます。

また、このリレイティング・リコレクト法は、アウトプットのツールにもなります。「≒P151」「≒P151」「「P151」のような書き込みがされているテキストを後で読んだ時に、「P151に何が書いてあったかな」ということを考えます。この際、すぐにP151に書かれていることが

【平成22年度　午前　第30問】

ウ　取締役会は、取締役の全員の同意があれば、招集の手続を経ることなく開催することができるが、監査役会は、監査役の全員の同意があっても、招集の手続を経ることなく開催することができない。

（A. 誤り）

思い出せればP151をご確認頂いて構いませんが、すぐに思い出せなかった時は、少し思い出す努力をして下さい。思い出そうとするわけですから、これは紛れもなくアウトプットです。

このように、このリレイティング・リコレクト法はアウトプットとしても使用しますので、前記の書き込みの見本に「~~賃貸借~~」としましたとおり、用語などは書き込まないで下さい。答えを書いてしまってはアウトプットになりませんので、ページ数のみを書き込んで下さい。

③（不知の肢を推理する力をつける）について

不知の肢、つまり、本試験で知らない知識について問われた場合、どうしようもないときもありますが、推理によって正解することが可能であるときもあります。その一つの推理方法の基となるのが、このリレイティング・リコレクト法です。

このリレイティング・リコレクト法により学習していれば推理できた肢として、上に挙げた肢があります。

この肢は、取締役会と監査役会を比較して聞いており、前半が取締役

株主総会	取締役会	監査役会
株主の全員の同意があれば、株主総会の招集の手続は不要（会社法300条本文）	取締役の全員の同意があれば、取締役会の招集の手続は不要（会社法368条2項）	「監査役の全員の同意があれば、監査役会の招集の手続は不要になるんだろう」

「何万人も株主がいる場合のある株主総会でさえ全員の同意があれば招集手続が不要になるんだから、３人しかいないことが多い監査役会も監査役全員の同意があれば監査役会の招集手続は不要となるんだろう」

会、後半が監査役会についての知識です。

取締役会については、どのテキストでも詳細に説明がされていますので、平成22年度の合格レベルの受験生の方で、この肢の前半の会社法368条2項の知識（取締役の全員の同意があれば、取締役会の招集の手続は不要となる）を準備していないという方はまずいなかったと思われます。

しかし、監査役会は、取締役会に比べて重要性が落ちますので、この肢の後半の会社法392条2項の知識（監査役の全員の同意があれば、監査役会の招集の手続は不要となる）を記載していなかったテキストもありました。

監査役会についてきちんとした対策をしていなかった場合でも、**関連する株主総会についての知識を思い出すことにより**、何とか推理により正誤を判断することが可能でした。

具体的には、前ページの上に記載したように推理をします。取締役会と監査役会だけを考えるのではなく、このように、関連する株主総会の知識を横に並べることにより（実際には頭の中で行います）、不知の監査役会の知識の推理が可能となります。株主総会の会社法３００条本文の知識（株主の全員の同意があれば、株主総会の招集の手続は不要となる）を準備していない合格レベルの受験生の方はまずいません。

そして、その株主総会の知識（会社法３００条本文）と取締役会の知識（会社法３６８条２項）をリレイティング・リコレクト法によりつないでいたかが、この肢を見た時に株主総会の知識を頭から引っ張り出せたかの分岐点となります。

以上見てきましたように、リレイティング・リコレクト法には三つの利点がありますので、別途比較の表が記載されたまとめ本を用意するなどということはできるだけ避け、このリレイティング・リコレクト法をご使用下さい。

なお、この方法を採り入れても、「ここところは、関連付けてよいものなのかな」などと悩むこともあります。しかし、関連付けることが正しいのかなどとは考えず、ご自身が関連していると思った場合には、関連付けて下さい。なぜなら、「ここところを関連付けることは正しいのか？」などという問題は出ないからです。

あくまで自分の記憶のために関連付けるわけですから、それが学問的に正しいかなどは一切考慮する必要がありません。「=」で結ぶのが躊躇されるのであれば、「≒」で結ぶなどという方法もありますので、あまり考え込まず、ご自身が少しでも関連していると思ったものは、どんどん関連付けて下さい。

第3節 思い出し方の作り方 ——リアリスティック18

第2章第1節で、「『覚える』ことではなく『思い出す』ことを考えるということが本書の理念である」というご説明をしました。そして、本章冒頭で、「最も効率的なテキストの読み方とは、思い出し方を考えつつ、アウトプットをしながら読み進めていくこと」と申し上げました。

本節は、その「思い出し方を考える」という部分に該当します。

合格に必要な非常に多くの知識のすべてを、理由付けなどを理解することにより思い出せるようにすることは非現実的です。もちろん、理由付けなどを理解することは非常に重要であり、それが法律学習の基本ではありますが、理解することができない箇所や単純に暗記しなければならない箇所も多数あります。そこで、単純暗記をするのではなく、思い出し方を考えることができれば、大きな武器となります。本節では、その思い出し方の作り方の様々なパターンをお伝えします。

1 「どのように思い出そうか」という視点

突然ですが、テキストに次の知識があった時は、どのようにしますか。これは、憲法の知識です。

(a) **議院の決議において出席議員の3分の2以上の多数が要求される場合**

①議員の資格争訟の裁判において議員の議席を失わせる場合（憲法55条ただし書）
②秘密会の決定をする場合（憲法57条1項ただし書）
③議員を除名する場合（憲法58条2項ただし書）
④衆議院で法律案を再議決する場合（憲法59条2項）

議院（衆議院及び参議院）は、原則として、出席議員の過半数で議事を決します（憲法56条2項）。

しかし、①～④の場合には、出席議員の3分の2以上の多数が要求されます。①～④の知識を思い出せるようにしなければなりません。そこで、どのようにして思い出すかを考えなければなりません。①～④をご覧になって考えてみて下さい。

今、考えて頂いたと思いますが（考えなかった方は①～④に戻って考えて下さい）、**このように考えることがテキストを読むということなのです**。本章の冒頭で、「『読み込み』とは単なる読書である」と申し上げました。単純にテキストを読み進めては単なる読書になってしまうので、このように「どのように思い出そうか？」ということを考えながら読む必要があります。

これらの知識で言えば、たとえば、次のような思い出し方があります。

①③理由における共通性を見つける

議員を〝辞めさせる〟という重大な決議であるから「出席議員の3分の2以上の多数」という厳しい要件になっている。

②ゴロ合わせを使用する

秘密会

ひ　み

2／3

④実務から考える

この規定があるから、衆議院選挙の時のニュースで「3分の2の攻防」と言っているんだな〈与党が衆議院で3分の2以上の議席を有していれば、参議院で法律案の賛成が得られなくても、衆議院での3分の2以上の多数による再議決が可能ですので〈憲法59条2項〉、事実上参議院を無視することができます。よって、与党は衆議院選挙において、過半数の次は、3分の2以上の議席獲得を目指すことになります〉。

テキストの記載をただ単に読み進めていては、思い出せるようにならないため、このように「①と③は理由における共通性を見つけて、併せて思い出せるようにしよう」「②は他のものと共通性がないから、ゴロ合わせを作ろう」「④は、2009年の政権交代がされた衆議院選挙で、民主党が3分の2までいくかどうかが話題になっていて、それが印象に残っているから、そこから思い出そう」などとして、思い出し方を決めるのです。そして、それを本章第4節でご説明する「テキス

共通する視点

トをアウトプットする方法」でアウトプットしていきます。

これが、試験勉強です。この流れをきちんと踏めるようになれば、運に左右される合格へのルートを歩くことなく、着実に合格に近付くことができます。

2 共通する視点を探す

テキストには、いくつもの知識が掲載されていますが、その一つひとつを個別に記憶しようとしていては、なかなか合格までたどり着くことはできません。そこで、複数の知識の共通性を探し、複数の知識を共通する視点で見ることにより、労力を減少させる必要があります。イメージとしては、上の図のようなものです。

実際にやってみましょう。

次のページのテキストの記載は、民法における、地役権についてのものです。テキストには、このように知識が箇条書きで羅列されていることがよくあります。単純に「これを記憶して下さい」と言われても、普通は苦痛を感じると思います。そこで、「複数の知識を、ある『共通の

リアリスティック民法Ⅱ
第４章　用益権　　81

①地役権は、要役地の所有者だけではなく、地上権者、永小作人、及び賃借人も行使することができます。

②要役地につき所有権移転の登記を経由した者は、地役権を取得したことを第三者に対抗することができます。

③地役権は、要役地から分離して譲り渡し、又は他の権利の目的とすることができません（民法281条2項）。

④要役地の各共有者は、自己の持分についてのみ地役権を消滅させることはできません。

視点』で見ることはできないか？」ということを考えます。ここでは、共通する視点は、次のものになります。

地役権は、土地（要役地）のための権利であり、土地（要役地）にくっついている権利である

これは、地役権とは、土地の所有者、つまり、人を基準とする権利ではなく、土地（要役地）を基準とする権利であるということです。この説明は、言い回しは違えど、ほとんどのテキストには記載されています。しかし、残念なことに、これが共通する視点であるという説明がされていることはほとんどありません。

この視点で見ると、①～④が同じ視点からの知識であるということがわかります。

①地役権が土地(要役地)にくっついている権利であるから、土地(要役地)を使うことができる地上権者、永小作人、及び賃借人も地役権を使うことができる。

②地役権が土地(要役地)にくっついている権利であるから、要役地の所有権移転の登記を備えた者は、地役権を取得したことを第三者に対抗することができる。

③地役権は土地(要役地)にくっついている権利であるから、それを要役地から分離して譲り渡したり、又は他の権利の目的としたりすることはできない(民法281条2項)。

④地役権は、土地(要役地)のための権利、つまり、人を基準とする権利ではなく、土地(要役地)を基準とする権利であるから、各共有者が、自己の持分についてのみ地役権を消滅させるということはできない。

これは、次のページの図にあるように、一つの視点で貫いているのです。

このように「共通する視点」を使用すれば、記憶の労力が大幅に削減できることはおわかり頂けたと思います。ここでは地役権について紙面の都合上四つの知識しか挙げませんでしたが、民法及び不動産登記法において、この視点で貫くことができる知識はここに挙げたもの以外にも多数あります。

この「共通する視点」は、本当によく使いますし、**複数の知識をまとめて貫くことができる**ので、その効果は非常に大きくなります。

共通する視点

地役権は、土地（要役地）のための権利であり、
土地（要役地）にくっついている権利である

リアリスティック民法Ⅱ
第４章　用益権　　81

①地役権は、要役地の所有者だ[illegible]ではなく、地上権者、永小作人、及び賃借人も行使することがで[illegible]ます。

②要役地につき所有権移転登記[illegible]由した者は、地役権を取得したことを第三者に対抗することが[illegible]きます。

③地役権は、要役地から分離し[illegible]り渡し、又は他の権利の目的とすることができません（民法2[illegible]条２項）。

④要役地の各共有者は、自己の[illegible]についてのみ地役権を消滅させることはできません。

よって、テキストを読む時は、「共通する視点を探す」ということを常に念頭に置いておいて下さい。

3 クロスワードの原理

クロスワードを使用することにより、知識を芋づる式に思い出すという方法があります。実際にやってみましょう。次のページのテキストの記載は、民法における、胎児の権利能力についてのものです。

胎児が例外的に生まれたものとみなされ、権利能力を有するとされる、①損害賠償請求（民法721条）、②相続（民法886条1項）及び③遺贈（民法965条）という三つの知識を思い出せるようにする必要があります。それを、次のページの図

> *リアリスティック民法Ⅰ*
> *第１章　財産法全体を俯瞰　32*
>
> **(2) 権利能力を有するかが問題となる者**
>
> 　権利能力は、出生により始まるため（民法３条１項）、胎児に権利能力があるかが問題となります。民法は、胎児は原則として権利能力のない者としていますが、例外的に以下の場合には生まれたものとみなす（権利能力を有する）としています。
>
> ① 損害賠償請求（民法 721 条）
> ② 相続（民法 886 条１項）
> ③ 遺贈（民法 965 条）

クロスワードを使用

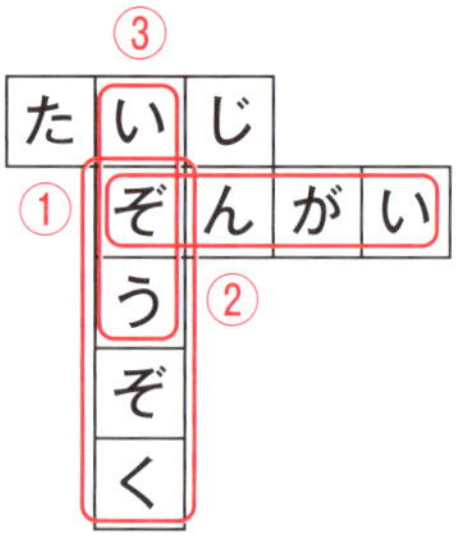

のようにクロスワードで芋づる式に思い出せるようにします。

　このクロスワードでの思い出し方には、思い出し方の原理が含まれています。その原理とは、次の二つです。

①人間の脳は、頭文字のヒントを与えられると大抵は残りの文字を思い出せる

②内容が思い出せなくても、映像として思い出せる場合がある

①について

「頭文字のヒントを与えられることにより、残りの文字が思い出せた」という経験はあるでしょう。たとえば、「誰だっけ、あいつの名前。えーっと……」「『か』がつく奴でしょ？」「あっ、そうだ『加藤』だ！」

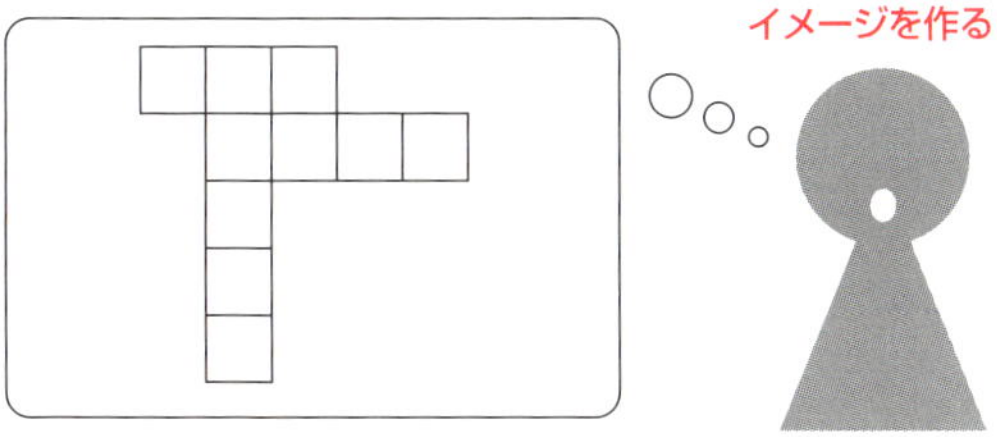

といった経験はあるかと思います。脳からその情報がなくなったわけではありませんので、頭文字のヒントを与えられれば、あとの文字は出てくるわけです。

この原理は、色々なところで使われています。

たとえば、日本史の近現代史の学習においては、歴代の内閣総理大臣の名前を思い出せるようにする必要があります。その際の最も一般的な方法は、「いくやまいまいおやいかさかさかやおてはたかやき……」ということをブツブツつぶやき、思い出せるようにする方法です。これは、歴代の内閣総理大臣の頭文字を取っているのです。「伊藤博文、黒田清隆、山縣有朋、松方正義、伊藤博文、松方正義、伊藤博文、（以下省略）」といった具合です。非常に単純な方法ですが、古くからこの思い出し方は用いられ、今でも使われています。

なぜこの思い出し方で歴代の内閣総理大臣を思い出せるかというと、**「人間の脳は、頭文字のヒントを与えられると大抵は残りの文字を思い出せる」という原理があるから**です。

②について

理由などから思い出せなかった時に、映像として思い出せるという場合があります。上の図のようなイメージです。

このようにクロスワードの形を映像として思い出すことができれば、中の文字を思い出せる可能性も上がります。これは、文字が羅列されているだけではできませんので、たとえばこのクロスワードのように映像として思い出しやすくすると効果があるのです。

この二つの原理は様々なところに応用が可能ですので、必ず記憶しておいて下さい。

4 法律用語や手続の流れはたとえで

1 法律用語

イメージの湧きにくい法律用語は多くあります。その際に、何か別のものにたとえることにより、イメージを刻み込むことが可能です。

たとえば、イメージの湧きにくい法律用語として、民事訴訟法の「棄却判決」と「却下判決」というものがあります。棄却判決とは、原告の請求に理由がないことを確認する判決です。それに対して、却下判決とは、訴訟要件を欠く場合にされる判決です。

簡単に言うと、棄却判決が勝ち負けの判断をしたうえで原告が負けであるというものであるのに対して、却下判決は勝ち負けの判断をせず、訴訟にエントリーする資格がないというものです。これを柔道の試合にたとえると、P216のようになります。

Column

ゴロ合わせの作り方

P212の原理①から、ゴロ合わせの作り方を考えてみましょう。ゴロ合わせは、漫然と用語を見ていても、なかなか作成できません。ゴロ合わせを作る時は、まずはゴロ合わせを作りたい用語を平仮名で書き出します。民法の要物契約の例で考えてみましょう。

【要物契約】

- しちけん(民法344条)
- だいぶつべんさい(民法482条)
- てつけ(民法557条)
- しょうひたいしゃく(民法587条)
- しようたいしゃく(民法593条)
- きたく(民法657条)

このように平仮名で書き出したら(根拠条文は書き出す必要はありません)、頭文字が入るようにしてゴロ合わせを考えます。そうすると、次のようなものができます。

大仏に**手付け**たら、「**シ**ッ**シ**ッ**シ**」と言われ、**帰宅**した

大仏	手付け	シ	シ	シ	帰宅
代物弁済	手付	質権	消費貸借	使用貸借	寄託

このように、平仮名で書き出し(手順1)、頭文字を入れてゴロ合わせを作る(手順2)ということが、ゴロ合わせ作成のポイントになります。

棄却判決は一本を取られるなどして試合に負けることを意味します。
それに対して、却下判決は、一本を取られるなどという前に、50kgの選手が46kg級に出場していたことが発覚して失格となるようなものです。

このようにたとえを使うことにより、法律用語のイメージが頭に刻まれます。

2 手続の流れ

民事訴訟法の支払督促手続の流れ、民事執行法の強制競売手続の流れなど、司法書士試験においては、手続がどのような順で進んでいくかということがわかっていなければ、その中身の学習が困難となるものが多数あります。

まず、手続の順番を頭に入れて大きな器を作っておかないと、一つひとつの知識が入っていかないのです。本章第2節**2**でご説明しましたとおり、テキストに掲載されているチャート図をコピーしてテキストに貼り付けるという方法も採って頂きたいのですが、それだけではなく、たとえを使って流れを思い出せるようにするという方法も採り入れて下さい。

たとえば、会社法の募集株式の発行等の手続の流れであれば、次のページのように行います。

※募集株式の発行等の基本的な流れ
（第三者割当ての場合）

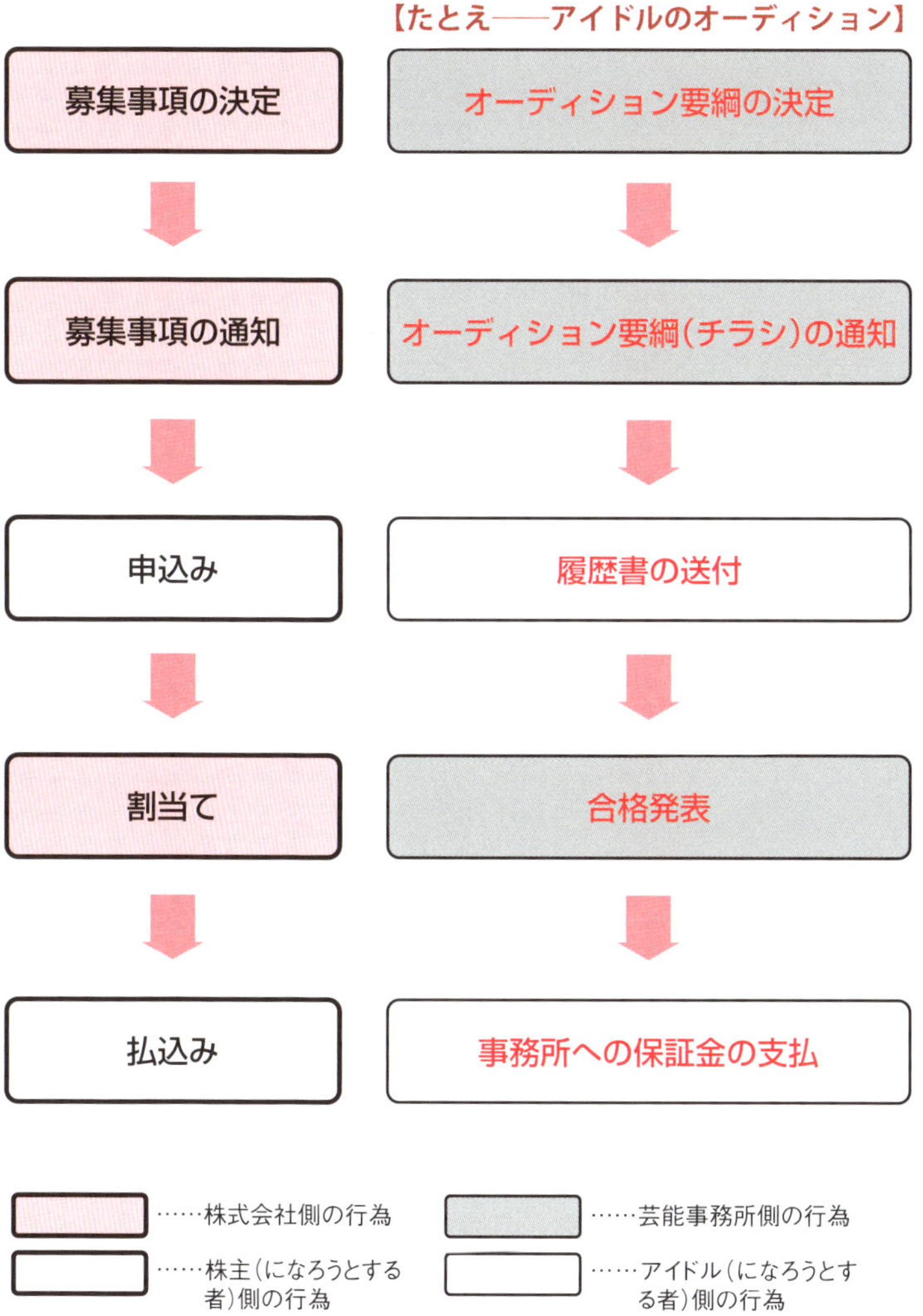

ここでは、募集株式の発行等の手続の流れをアイドルのオーディションにたとえて考えました（アイドルは、ＡＫＢ48でもジャニーズでも好きなものを当てはめて下さい）。

単に「募集事項の決定→募集事項の通知→申込み→割当て→払込み」という無味乾燥としたものでは思い出しづらいのですが、「オーディション要綱の決定→オーディション要綱（チラシ）の通知→履歴書の送付→合格発表→事務所への保証金の支払」というたとえで考えると、流れがイメージできるようになります。ただし、最後の「事務所への保証金の支払」は、フィクションです。実際には、芸能事務所に入る際に保証金は要求されないと思いますが、株式会社への出資ですと、払込等は必須ですので、それに合わせました。

なお、このたとえを使うと、最後から二つ目の「割当て」で重要となる「割当て自由の原則」も容易に思い出すことができます。割当て自由の原則とは、申込みをしてきた者のうち、誰に割り当てるか、何株割り当てるかは、株式会社の全くの自由であるという原則です。これは、ＡＫＢ48のオーディションでたとえると、「誰を合格させるかは、秋元さんの全くの自由である」ということに該当します。ルックスの良い順で合格させる必要は一切なく、秋元さんが自由に決めることができます。

このたとえを使う思い出し方は、一つの科目全体にわたって使用できることもあります。たとえば、イメージの湧きにくい科目の筆頭と言えば、民事訴訟法です。

そこで、民事訴訟法の学習のメインである民事訴訟を、テニス（卓球でもバドミントンでも構いません）をイメージツールに使って考えることが可能です。テニスの主な登場人物は、サーバー、レシーバー、審判です。民事訴訟で言えば、サーバーが原告、レシーバーが被告、審判が裁判所にあたります。サーバー（原告）とレシーバー（被告）がボールを打ち合い（主張や立証など）、それを審判（裁判所）が判断します。それが、テニス（民事訴訟）です。

このように民事訴訟をテニスにたとえて考えると、民事訴訟の様々な事項のイメージが可能となります。たとえば、「反訴」というものがあります。反訴とは、係属中の訴訟手続内において、被告が原告に対して提起する訴えのことを言います。こう言われても、イメージが湧かない方がほとんどでしょう。そこで、反訴をテニスにたとえて考えてみます。テニスは、通常はサーバー（原告）が打ったボールで試合をしますが（これが「本訴」です）、途中からレシーバー（被告）もサーブを打ってきて（これが「反訴」です）ボールが二つになってしまった試合のようなものです。

5 表の思い出し方

1 どう思い出すかを考える

大抵のテキストには、知識をまとめた表が掲載されています。

たとえば、P221に挙げたような表です。P221に挙げた表は、供託法における、供託所の行為が債務の承認（民法147条3号）にあたるかどうかについてのものです。これをどのように思い出すかを考えてみて下さい。

表の思い出し方も、基本的な考え方はテキストの他の箇所と同様です。つまり、「どのように思い出すか」「共通する視点で見ることができないか」などといったことを考えます。

ここでは、「共通する視点」で見てみましょう。そうすると、表の左の「債務の承認に当たる（時効が中断する）」は、すべて主語が「供託官」になっていることがわかります。つまり、払渡請求権の債務者に当たる供託所の供託官が何かをした場合に、民法147条3号の債務の「承認」に当たるわけです。それに対して、表の右の「債務の承認に当たらない（時効が中断しない）」は、①の主語は「被供託者」、②の主語は「払渡請求権者の債権者」であり、供託官ではありません。ただし、③のみ主語が「供託官」となっています。

よって、この表は次のように思い出すことにします。


（原則）供託官が何かをした場合には債務の承認に当たり時効が中断するが、供託官以外の者が何かをした場合には債務の承認には当たらず時効は中断しない。

（例外）供託官が何かをした場合であっても、一般的な払渡しの手続を説明したにすぎない場合には、債務の承認には当たらず時効は中断しない。

∵「一般的な払渡しの手続の説明」とは、特定の供託について供託官が何かをしたというわけではないため、特定の供託の時効が中断することはない。

リアリスティック供託法・司法書士法
第７章　消滅時効　116

債務の承認に当たる（時効が中断する）	債務の承認に当たらない（時効が中断しない）
①供託官が弁済供託の被供託者に供託されている旨の証明書を交付した場合（昭10.7.8民甲675）	①被供託者が弁済供託において供託受諾書を提出した場合（昭36.1.11民甲62）
②供託官が、弁済供託された供託金の一部の取戻請求があり、払い渡した場合（昭39.11.21民甲3752）	②払渡請求権者の債権者が払渡請求権を差し押さえた場合
③供託官が口頭で払渡しが可能であると答えた場合（昭33.6.24民4.102）	③供託官が、弁済供託の被供託者の質問に対して、一般的な払渡しの手続を説明した場合（昭41.10.5民甲2828）
④供託官が弁済供託の供託者の請求に応じて供託関係書類を閲覧させた場合（昭39.10.3民甲3198）	
⑤供託官が供託金の過小誤払いについて不足額の催告をした場合（昭34.2.12民甲235）	

このような思い出し方にすると決めてしまえば、例外にあたる前のページの表の右③の場合のみを記憶し、あとは何かをしている主体が供託官か否かを見るだけでよいということになります。

なお、例外の「一般的な払渡しの手続の説明」のほうに理由を記載しましたが、例外は明確に思い出せるようにする必要がありますので、このように理由を付けたほうがより確実になります。

2 補助線でリコレクト

本節❸において、「映像として思い出せることがある」とご説明しました。これは、表についても言えることです。

次のページの表は、民法における、代理権の消滅事由についてのものです。上の表のみご覧頂いて、これを映像として思い出せるようにするには、どうすればよいかを考えてみて下さい。

表をご覧頂いておわかりのとおり、任意代理も法定代理も、代理人は「死亡」「破産手続開始の決定」「後見開始の審判」が代理権の消滅事由にあたります。それに対して、本人については、任意代理は「死亡」「破産手続開始の決定」が代理権の消滅事由にあたりますが、法定代理は「死亡」のみが代理権の消滅事由にあたります。つまり、任意代理と法定代理は、本人の代理権の消滅事由が異なるのです。映像としてイメージするには、次のページの下の表のようにマーカーで補助線を引きます。

リアリスティック民法
第７章　消滅時効　116

【代理権の消滅事由】

代理権は、以下の事由が生じることによって消滅します。

任意代理	代理人	死亡（民法111条1項2号）	破産手続開始の決定（民法111条1項2号）	後見開始の審判（民法111条1項2号）
任意代理	本人	死亡（民法111条1項1号）	破産手続開始の決定（民法653条2号）	
法定代理	代理人	死亡（民法111条1項2号）	破産手続開始の決定（民法111条1項2号）	後見開始の審判（民法111条1項2号）
法定代理	本人	死亡（民法111条1項1号）		

鈍角と鋭角の補助線を引く

任意代理	代理人	死亡（民法111条1項2号）	破産手続開始の決定（民法111条1項2号）	後見開始の審判（民法111条1項2号）
任意代理	本人	死亡（民法111条1項1号）	破産手続開始の決定（民法653条2号）	
法定代理	代理人	死亡（民法111条1項2号）	破産手続開始の決定（民法111条1項2号）	後見開始の審判（民法111条1項2号）
法定代理	本人	死亡（民法111条1項1号）		

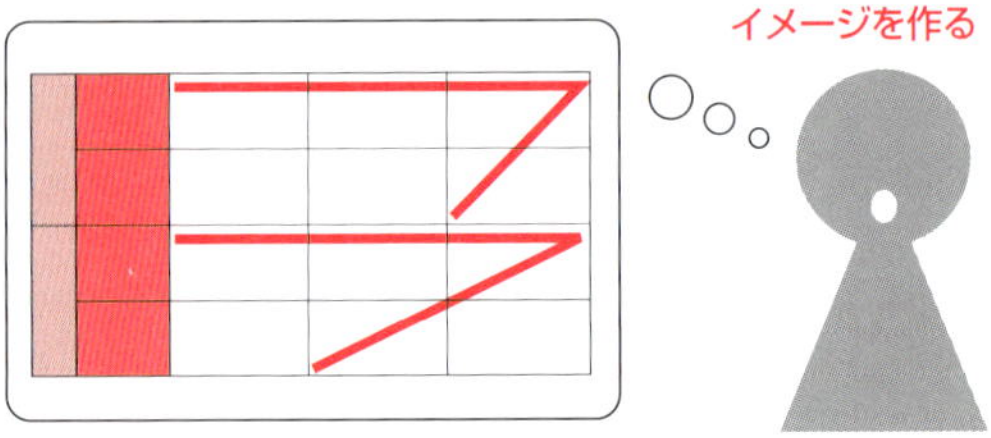

このように、鈍角と鋭角の補助線を引きます。そうすると、映像として鈍角と鋭角のイメージができますので、「鈍角の任意代理は、本人が『死亡』した場合だけではなく『破産手続開始の決定』がされた場合にも代理権が消滅するんだったな。それに対して、鋭角の法定代理は、本人が『死亡』した場合にのみ代理権が消滅するんだったな」ということを思い出すことができます。つまり、頭の中に上の図のようなイメージを作るのです。

この補助線は、次のようにも使用することができます。次のページの表は、民法における、制限行為能力者（成年被後見人・被保佐人・被補助人）についてのものです。

本人以外の者の請求により、後見開始、保佐開始又は補助開始の審判をする場合には、補助の場合のみ、本人の同意が必要とされています（民法15条2項）。つまり、この場合の境界線は、被保佐人と被補助人との間にあるのです。

ここで、**「不要」や「必要」にアンダーラインを引いたとしても、記憶に寄与することにはなりません**。しかし、このようにマーカーを引けば、境界線が印象に残り、思い出しやすくなります。

また、マーカーで補助線を引くことにより、表を思い出しやすいものに変えることもできるのです。

リアリスティック民法
第４章　行為能力　46

3.　本人の同意の要否

成年被後見人	被保佐人	被補助人
不要	不要	必要 （民法15条2項）

Column

表以外に補助線

表の思い出し方として補助線を引く方法をご紹介しましたが、これは表以外の部分にも応用することができます。次のテキストの記載は、民事訴訟法における、証拠保全についてのものですが、補助線を引くと、次のようになります。

リアリスティック民事訴訟法・民事執行法・民事保全法
第６章　証拠　139

(2) 申立てと職権

① 訴訟係属前 → 申立てのみ（民訴法 234 条）
② 訴訟係属中 → 申立て又は職権（民訴法 237 条）

ここでは、証拠保全は、訴訟係属前は申立てがあった場合にのみされる（訴訟係属前に職権で証拠保全をするのはやりすぎであるため）のに対して、訴訟係属中であれば申立て又は職権によりされるということがポイントとなっています。

そこで、このように補助線を引いておき、補助線の形が思い出せれば、「訴訟係属前は、申立てと職権のうち、片方しか認められなかったな。だけど、訴訟係属中は両方とも認められたな」というように思い出すことができます。

6 無理矢理にでもつなぐ

思い出すためのきっかけを作ることが肝要ですので、他人からすると無理矢理に見えるようなきっかけでも構いません。たとえば、商法には、次のような知識があります。

【商人間においてのみ適用される条文】

①利息請求権（商法513条1項）
②商人間の留置権（商法521条）
③商事売買（商法524条〜528条）

これらの三制度は、当事者の片方だけではなく、双方が商人である場合に初めて適用されます。双方が商人である場合にのみ適用されるこれらの三制度を思い出せるようにする必要があります。みなさんであれば、どのような思い出し方をお考えになるでしょうか。①〜③をご覧になって考えてみて下さい。

本節の**1**でも申し上げましたが、非常に重要なことですので、ここで繰り返しご説明します。**このように考えることがテキストを読むということなのです。**

どのような思い出し方を考えたかは人によるでしょうが、箇条書きになっていますので、ゴロ合

りょうほうが商人である場合にのみ

【商人間においてのみ適用される条文】

① 利息請求権（商法 513 条 1 項）

② 商人間の留置権（商法 521 条）

わせを考えた方が多いかもしれません。私はこの商人間においてのみ適用される条文については、上に挙げたような思い出し方をお薦めしていますが、ゴロ合わせを考えた方も、別の思い出し方を考えた方も正解です。要は**自分が思い出せればよい**のです。

私の思い出し方は、「無理矢理につなぐ」というものです。

まず、①~③のうち、③の商事売買を除いて思い出し方を作ります。③の商事売買を含めてしまうと、次にご説明する「『り』でつなぐ」ということができなくなってしまうからです。残りの①と②を「り」でつなぎます。「商人間においてのみ」を「両方が商人である場合にのみ」に置き換え、頭文字の「り」が共通しているということで、「り」でつなぎます。思い出す時は、「り」つながりで思い出します。本節**3**でご説明したとおり、頭文字を思い出すという点は含まれていますが、無理矢理につないだという点は否めないでしょう。

しかし、これで構わないのです。ただ単に箇条書きになっていては、思い出すことは容易ではありませんが、このように無理矢理にでもつなぐことにより、そこに思い出すきっかけができるのです。

7 しりとりを作る

このように、思い出し方はご自身が思い出せればそれで構いません。よって、ここでご紹介する「しりとり」のような方法でも大丈夫です。

民事執行法という科目で、次のような知識を思い出せるようにする必要があります。

【強制執行を開始する際に、債務名義に執行文の付与を受ける必要がない場合】（民執法25条ただし書）

①少額訴訟の確定判決
②仮執行宣言付きの少額訴訟の判決
③仮執行宣言付きの支払督促

もちろん、理由付けから思い出せるようにすることが基本です。

ここでは、「少額訴訟及び支払督促が迅速に債務名義を取得するための制度であるため、強制執行の段階においても迅速さを保つ要請から執行文の付与が不要とされている」という理由付けになります。しかし、その理由付けでは「なんで手形訴訟の判決は含まれないの？」という疑問が湧いてきます。手形訴訟も、原則として一期日で終了する制度ですので、「迅速に債務名義を取得するための制度」という理由付けには当てはまります。

① 少額訴訟の確定判決
② 仮執行宣言付きの少額訴訟の判決
③ 仮執行宣言付きの支払督促

そこで、この理由付けから思い出す以外にも、上に挙げたような方法があります。

これは、①と②を「少額訴訟」で、②と③を「仮執行宣言付き」でつなぐということです。つまり、①～③の一部分を結びつけることにより**芋づる式に**思い出します。

第4節

テキストでアウトプット

——リアリスティック19

1 アウトプットの中心をテキストに

本章第1節1で、「最も効率的なテキストの読み方とは、思い出し方を考えつつ、アウトプットをしながら読み進めていくこと」と申し上げました。

本節は、その「アウトプットをしながら読み進めていく」という部分に該当します。つまり、**アウトプットの中心をテキストにする方法**です。これができるようになれば、他の受験生の方と比べて、相当有利になります。

テキストは、一般的には、インプット教材として考えられています。「テキストで知識をインプットし、問題演習でアウトプットする」という考えで学習されている方は今でも多いのが実情です。しかし、テキストをアウトプットの中心とする勉強ができれば、このうえない武器になります。その主な理由は、次の二点です。

①カコ問、答練又は模試と異なり、テキストは体系的であるため（順番に意味があるため）思い出しやすい

②カコ問、答練又は模試では一部の断片的な知識のアウトプットとなってしまうが、テキストであ

れば網羅性が高い

このような理由からテキストをアウトプットの中心とすることが、超短期合格又は短期合格への近道と言えます。

では、実際にどのようにテキストをアウトプットしていくかということが問題になります。これは、テキストを次の二つの部分に分けて考えて下さい。

1 設例など問題形式になっている部分
2 設例など問題形式になっていない説明部分

2 設例など問題形式になっている部分

こちらは、問題形式になっていますので、アウトプットがしやすいです。実際にやってみましょう。次のページのテキストの記載は、民法における、不動産の対抗要件についてのものです。

この設例であれば、設例を読んだら、P233の説明を見ずに赤の下線を引いた箇所を思い出します。

2　不動産の対抗要件

【設例】

Aは、Bに、平成24年3月10日、建物と土地を売った。Bは、Aに、売買代金3,000万円を支払い、建物と土地の引渡しも受け、暮らし始めている。Bは、子供の小学校の転入手続も済ませ、子供もやっとクラスに馴染んできた。しかし、Aは、まだ自分に登記があったため、Cに、平成25年3月23日、その建物と土地を4,000万円で売り、土地と建物の登記をCに移した。なお、Cは、AとBとの間で売買契約がされていたことを知っていた。この場合に、BはCに対して、自己がその建物と土地の所有者であると言えるか？

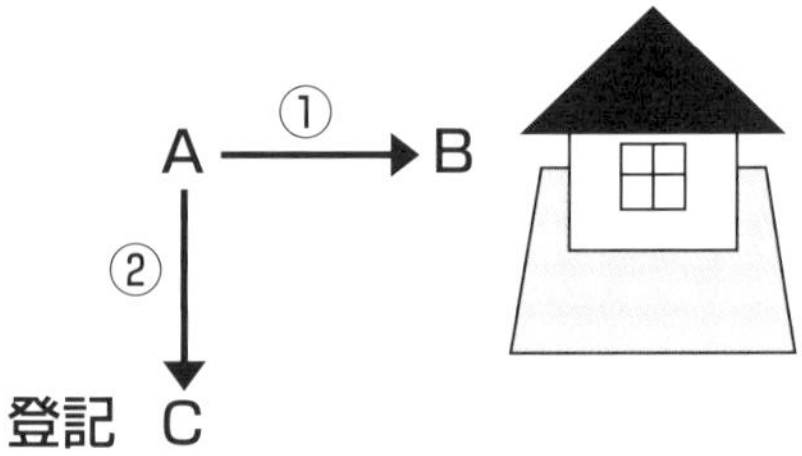

【民法 177 条（不動産に関する物権の変動の対抗要件）】

不動産に関する物権の得喪及び変更は、不動産登記法（平成 16 年法律第 123 号）その他の登記に関する法律の定めるところに従いその登記をしなければ、第三者に対抗することができない。

不動産の物権変動の対抗要件は、「登記」です。つまり、先に「登記」を備えた者が勝つというのが、ルールです。

ここでいう「第三者」は、背信的悪意者（嫌がらせ目的など）でなければ、悪意でも構いません。

上記設例で言えば、Cは、Bに対して、「土地と建物から出ていけ！」と言うことができることになります。

（理由）

①資本主義の現れ（第三者に主張するためには、汗をかいて努力しろ！）
②不動産は、数に限りがあり、その取引も頻繁に行われるわけではないため、対抗要件として登記を備えることを要求しても構わない
③税金確保（こじつけ Recollect 法）

このとき、単に「Cが勝つ」ということだけを思い出すのでは非常に効率の悪い学習になります。それでは、カコ問、答練又は模試の択一の問題を解き、◯か×かを判断していることと近くなってしまいます。よって、「不動産の所有権の取得を第三者に対抗するには、登記が必要だったな。そして、この場合には、背信的悪意者はダメだけど悪意者までは許されるんだったな」（赤の下線部分を思い出した場合の思考過程の例）ということまで思い出して下さい。そして、これを思い出すために、下に書いてある「（理由）」を使います。

なお、下線を引いていない、つまり、本試験で解答を出す場合にポイントとならない箇所についてはアウトプットをする必要はありません。これは、第5章第4節**2**でご説明したとおりです。

3 設例など問題形式になっていない説明部分

設例など問題形式になっている場合には、どのようにアウトプットをすればよいかがわかりやすいので問題はありません。

問題なのは、問題形式になっていない部分です。ここのアウトプットもできるようになれば、問題演習をアウトプットと捉えている他の多くの受験生の方に、大きな差をつけることができます。

この問題形式となっていない部分のアウトプットは、次の二つの方法があります。①のほうが慣れるまでは少し苦労するので、まずは②から採り入れてみて下さい。

リアリスティック会社法（商法）・商業登記法Ⅰ
第１章　会社法・商業登記法全体を俯瞰　38

2　定款変更

1. 決議要件

定款変更には、原則として株主総会の特別決議が必要です（会社法466条、309条2項11号）。

ここまで読んで、ポイントである「特別決議」をアウトプットする

①小見出しを見て、下に記載されているポイントをアウトプットする
②文の途中まで読み進め、後半部分をアウトプットする

①（小見出しを見て、下に記載されているポイントをアウトプットする）について

体系的に書かれたテキストであれば、テキストは適切な小見出しにより整理されています。そこで、小見出しだけを見て、小見出しの下に記載されているポイントをアウトプットします。実際にやってみましょう。上に挙げたテキストの記載は、会社法における、定款変更の決議要件についてのものです。

ここでは、定款変更の決議要件が「特別決議」であるということがポイントになります。それをアウトプットできるように訓練するわけですが、その際に、このように「2 定款変更」「1. 決議要件」という小見出しまでを読み、「定款変更の決議要件って、何だったっけな。定款は、株式会社の憲法のようなもので、非常に重要だってその前の部分に書いてあったな。そうだとすると、取締役会決議や取締役の過半数の一致では無理だろうから、株主総会決議が必要だろうな。そして、非常に重要

【正しい肢として出題】

株式会社が定款を変更するには、原則として株主総会の特別決議が必要である。

【誤りの肢として出題】

株式会社が定款を変更するには、原則として取締役会決議が必要である。

だから、特別決議が必要だったな」などと思い出します。なお、ある程度学習が進めば、このように「定款とは？」といったことを考えなくても、「特別決議」が思い出せるようになります。

このように「小見出しだけを見て、下に記載されていることを思い出す」ということは、まさにアウトプットです。なぜなら、下に記載されていることを頭から出そうとしているからです。そして、これはカコ問、答練又は模試などの問題を解くことよりもレベルの高いアウトプットです。なぜなら、テキストでアウトプットするほうが、思い出さなくてはいけない事項が多くなるからです。

たとえば、この定款変更の決議要件の知識を択一の問題にすると、上に挙げたようになります。

まず、正しい肢として出題された場合ですが、これは「定款変更の決議要件は？」と口頭で聞かれて答えられない方でも、このように「原則として株主総会の特別決議が必要である」と記載されれば、「そういえば、株主総会の特別決議が必要だって勉強したな」というように思い出すことができます。つまり、思い出すきっかけ（ヒント）が肢の中にあるわけです。

次に、誤りの肢として出題された場合ですが、これは株主総会の普通決議か特別決議か特殊決議かということがわかっていない方でも、このように「原則として取締役会決議が必要である」と記載されれば、「株主総会の普通決議か特別決議か特殊決議かということは思い出せないが、取締役会ではなく株主総会で決議するのが原則だったな」というように誤りと判断することができます。

他にも事例問題にするなどパターンはありますが（平成13年度〈午前〉第32問肢1では事例問題として出題されています）、**アウトプットのヒントを多く含まない問題を作ることは至難の業**です。問題形式ですとヒントが多くなり、本当にわかっていなくても、正解することができてしまうのです。よって、問題演習をアウトプットの中心としていると、「カコ問はできるけど、形を変えて出されたら正解できない」というありがちなパターンに陥ります。そうならないためにも、よりレベルの高いテキストのアウトプットをアウトプットの中心として下さい。

②（文の途中まで読み進め、後半部分をアウトプットする）について

①のように、小見出しだけを見て、その下に記載されているポイントをアウトプットするということがすべての知識についてできれば理想的ですが、どのテキストも、すべての事項について、その下に書いてあることがアウトプットできるような小見出しがつけられているわけではありません。それは、著者の力量という問題ではなく、項目によりできないことがありますので、仕方のないこ

リアリスティック会社法（商法）・商業登記法Ⅰ
第１章　会社法・商業登記法全体を俯瞰　38

2　定款変更

1. 決議要件

定款変更には、原則として株主総会の特別決議が必要です（会社法 466 条、309 条 2 項 11 号）。

ここまで読んで、ポイントである「特別決議」をアウトプットする

とです。また、小見出しだけを見てアウトプットすることは少し難易度が高いので、学習初期段階では上手くできない場合があります。

よって、小見出しの下の文章を少し読み進め、それからアウトプットするという形も採り入れて下さい。このようにアウトプットすることも多くなります。これも、実際にやってみましょう。上に挙げたテキストの記載をご覧下さい。

このように、小見出しだけで思い出せなければ、文章を少し読み、**途中で止め**、後ろの記載をアウトプットします。これは、日本語の性質上使用しやすいことが多くなります。

どういうことかというと、日本語は後半に結論がくる言語なのです。お笑いの漫才が成立するのも、日本語が後半に結論がくる言語であるからと言われています。漫才は、オチが肝心なわけですが、先にオチがきてしまっては成立しないのです。そのため、漫才は後半に結論がくる言語圏以外には進出できないと言われています。このように、日本語の性質から、このアウトプットは使用しやすいことが多くなるので、多用して下さい。

なお、「この方法ならば、カコ問、答練又は模試などでもできるじゃないか」と思われた方もいるかと思います。そのとおりです。この方法は、カコ問、答練又は模試などの問題でも可能です。よって、問題演習の際にも、この方法を採り入れて下さい。そうすると、問題演習のアウトプットの質が向上します。ではなぜ、私がカコ問などをアウトプットの中心としないのか。同じ方法が可能であるならば、カコ問などの問題をアウトプットの中心としてもよいではないかという疑問が湧いてきます。その理由は、テキストとカコ問などの**体系的な完成度の差**にあります。これは、本節冒頭で記載したとおりです。カコ問などと異なり、テキストは体系的な配置となっていますので、その点でも思い出しやすく、より効率的であると言えます。

このように、テキストでアウトプットすることを学習の中心とすれば、アウトプットの幅が広がります。下に図示したようなイメージです（実際には「テキストなど」の部分はもっと大きいです）。そして、それが「アウトプット格差」となります。

なお、六法で行うアウトプットについては、第5章第4節**3**をご覧下さい。

Column

理由や派生論点を考えながらカコ問を解く？

「テキストをアウトプットする」というアウトプットの非常に重要な手法をお伝えしました。この手法を採るべき理由は、問題演習では非効率的な学習となり、また、カコ問を単にすべて正解できるようになっただけでは合格できないということにあります。この「カコ問を単にすべて正解できるようになっただけでは合格できない」という点に異論のある講師は、存在しないと思われます。

そこで、そのカコ問学習を補充する方法として、次のような方法が提唱されています。

①単にカコ問の肢の正誤を考えるだけでなく、そのような結論となる理由まで考えながらカコ問を解く
②単にカコ問を解くだけでなく、1つのカコ問を解いたら、それと関連する知識まで確認する

①も②も、単にカコ問を解くよりは、はるかに効率の良い学習となります。私は、テキストでアウトプットすることを提唱していますが、少なくとも一度はカコ問を解いて頂くので、その際にはこの①や②のようなことをしながら解いて下さい（ただし、時間をかける必要はありません。たとえば、②については、「浮かんだ関連知識に不安があれば、テキストで該当箇所を確認する」という程度で結構です）。

しかし、これらをメインとして、つまり、①や②の学習をメインとしながらカコ問をゆっくりと進めていくのであれば、テキストをアウトプットするほうが効率的となります。なぜなら、テキストにはすぐ近くに理由も書かれており（①）、体系的に記載されているため関連知識を確認することも容易である（②）からです。

そして、何より**過去問集は思い出しにくい**のです。第5章第1節のColumnでご説明したとおり、体系的でないからです。本試験の問題が体系的でない以上、過去問集を出版する予備校にそれを体系的に編集しろというのは無理があります。

よって、思い出しやすいテキストをアウトプット教材のメインとすることをお薦めします。

第9章

カコ問分析とは「帰納的推測」である

――リアリスティック20

択一

1 帰納的推測による択一のカコ問分析

カコ問の「分析」とは、単にカコ問を解くことを意味するのではありません。カコ問は、次の本試験で合格点を獲るためのツールとして使用するものですので、単に問題を解けばよいというわけではありません。それが、本試験での得点につながらなければ意味がありません。

その分析とは、端的に言えば、「帰納的推測」です。「帰納」とは、具体的事例から、一般的なルールを導くことです。この「具体的事例」が、カコ問です。つまり、カコ問から、次の本試験で得点可能な一般的なルールを導くことが、カコ問の分析なのです。

なお、この帰納的推測を受験生の方がすべて行うのは無理がありますし、すべて行おうとしてはいけません。なぜなら、帰納的推測は、予備校の仕事であるからです。予備校が、カコ問を帰納的推測により分析し、テキストを作成します。つまり、テキストとは、カコ問を帰納的推測により分析し、次の本試験に備えるものとして作成されているのです。

よって、みなさんは、カコ問を解いたら、テキストに戻り、そのカコ問のポイントとなったテキストの該当箇所を探せば、基本的には自然とこの帰納的推測ができたことになります。

【平成24年度　午前　第7問】

オ　Aから袋地（他人の土地に囲まれて公道に通じない土地）を買い受けたBは、その袋地について所有権の移転の登記をしていなくても、囲繞地（袋地を囲んでいる土地）の全部を所有するCに対し、公道に至るため、その囲繞地の通行権を主張することができる。

（A.正しい）

それでは、受験生の方にカコ問の分析などという話をする必要がないのではないかと思われるかもしれません。

しかし、実際には多くの予備校がこの帰納的推測をきちんとできていないという現状があります。また、帰納的推測ができているテキストであっても、みなさんに一般的なルールにあたるテキストの該当箇所を探そうとする考えがなければ、そのテキストを十分に活用することができません。そういったことから、この帰納的推測について、受験生の方が知っておく意義があるのだとお考え下さい。

まず、択一から帰納的推測によるカコ問分析を見ていきましょう。

平成24年度の本試験において、上に挙げたような肢が出題されました。民法の囲繞地通行権についての肢です。

この肢の正誤を判断するために、テキストに掲載されている「袋地《ふくろち》の所有者は、袋地の所有権の登記を経由していなくても、囲繞地《いにょうち》の所有者に囲繞地通行権を主張することができる（最判昭47・4・14）」という知識に戻ることが一般的です。

【平成 21 年度　午前　第 11 問】

イ　A が所有する甲土地を二つに分筆してその一つを B に譲渡したところ、B の取得した土地が公道に通じない土地となった場合、B は A が所有する残余地について通行権を有するが、A が C に対して残余地を売却した場合、当該通行権は消滅する。

（A. 誤り）

帰納的推測という視点があれば、次のような記載に戻ることが可能

リアリスティック民法Ⅱ
第 1 章　物権総論　42

【囲繞地通行権に共通する視点】

① とにかく出してあげなきゃ
② 周りへの迷惑は最小限に

この知識は、平成20年度（午前）第9問・エや平成14年度（午前）第6問・イなど、過去に何度も出題されていますので、この最判昭47・4・14の判例の知識が掲載されていないテキストはありません。そこで、テキストの最判昭47・4・14の判例の知識に戻るということも一つの方法ではありますが、それでは単にテキストに戻っただけで、「帰納的推測ができた」とは言えません。なぜなら、カコ問では上に挙げたような知識も出題されているからです。

これは、「囲繞地通行権は、通行の対象の囲繞地に特定承継が生じたとしても消滅しない（最判平2・11・20）」という別の判例知識です。通常であれば、前記の最判昭47・4・14の判例知識と別物として考えてしまいますが、帰納的推測という視点があれば、テキストの上に挙げたような記載に戻ることが可能です。

①の「とにかく出してあげなきゃ」という囲繞地通行権に共通する視点がポイントになります。囲繞地通行権とは、公道に通じていない袋地の所有者に、袋地を囲んでいる囲繞地の通行を認める権利です。もしこれが認められなければ、袋地の所有者は自身の土地から出ることができず生活ができなくなってしまいます。よって、「袋地の所有者を袋地から出してあげる」という結論は、絶対的にあるわけです。

この囲繞地通行権に共通する視点である「とにかく出してあげなきゃ」から、先ほどのカコ問を考えてみると、答えが出ます。

・平成24年度(午前)第7問・オ → 登記をしていないからといって、囲繞地通行権が認められなければ、袋地の所有者が生活できない(とにかく出してあげる必要がある)

・平成21年度(午前)第11問・イ → 囲繞地が譲渡されたからといって、囲繞地通行権が認められなければ、袋地の所有者が生活できない(とにかく出してあげる必要がある)

「とにかく出してあげなきゃ」から解答が出せるので、カコ問から帰納的推測をすると、次のページの図のようになります。

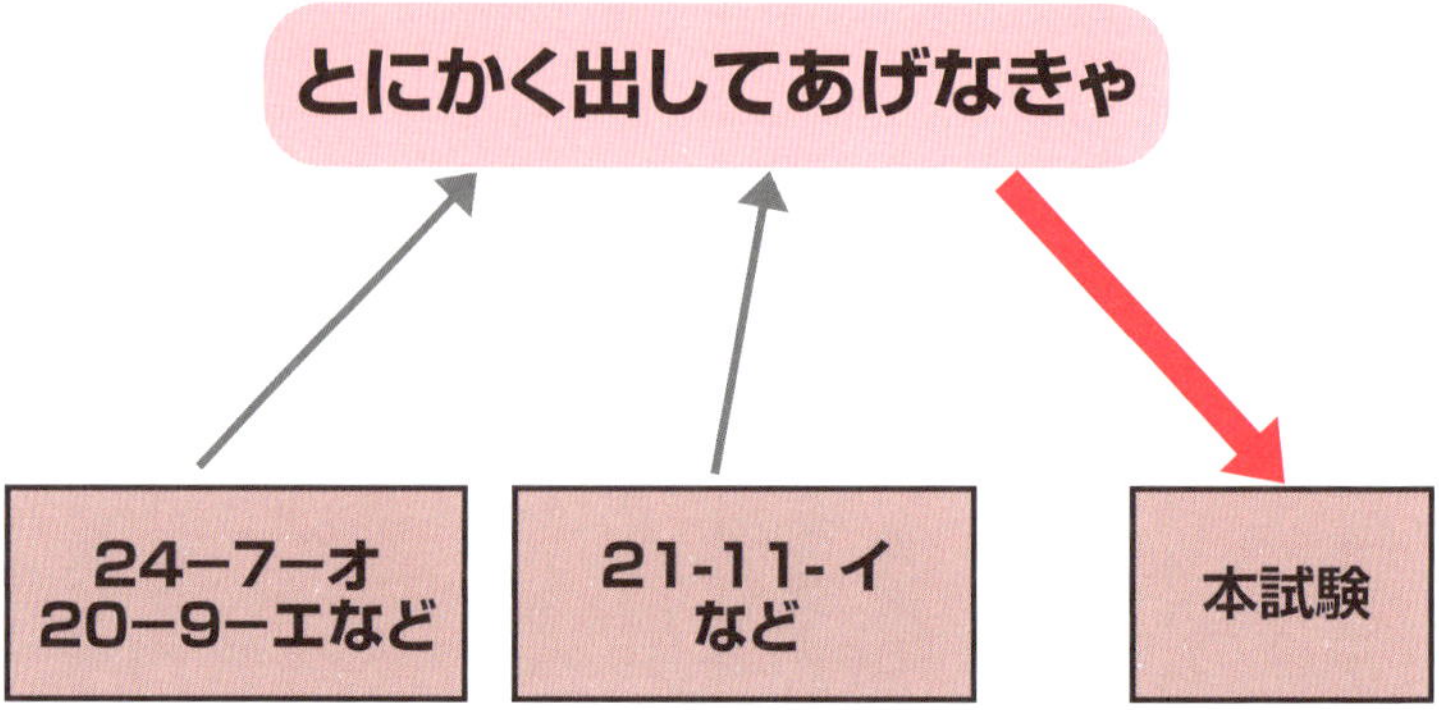

カコ問から、「とにかく出してあげなきゃ」ということを思い出せれば、複数の肢に対応することができる（平成のカコ問だけで八肢に対応できます）ということを抽出し、そして、「とにかく出してあげなきゃ」ということをアウトプットできるようにします。

第2節

記述

1 帰納的推測による記述のカコ問分析

記述における帰納的推測による分析は、「本試験の出し方」についてのものがメインとなります。記述のカコ問を帰納的推測により分析しておくことにより、本試験において、他の受験生の方よりも早い段階で記述の解答を予測することができるようになります。

1 登記原因について第三者の許可、同意又は承諾についての注意事項（補足事項）

記述のカコ問の帰納的推測の一例は、本書で既にご紹介しています。第5章第3節**2**で下に挙げたような注意事項の有無についてご説明しました。試験委員は、登記原因について第三者の許可、同意又は承諾が、登記原因日付に影響を与える場合にはこのような注意事項（補足事項）を示し、影響を与えない場合には示しません。これが、帰納的推測により導かれた一般的なルールです。

> 3　（前段省略）なお、登記原因について第三者の許可、同意又は承諾を要する場合には、平成24年6月27日に第三者の許可、同意又は承諾を得ているものとする。

このルールを事前に把握しておくことにより、本試験において、このような注意事項（補足事項）が示された場合には、「登記原因について第三者の許可、同意又は承諾が、登記原因日付に影響を与える登記があるんだろうな」という推測を立てることができます。そうすると、「登記原因日付に影響を与える登記として、農地法の許可、担保権の順位変更、根抵当権などに注意しよう」ということを考えることができます。これは、本試験において、論点を見落とすことを防ぐ非常に大きな機能を果たします。

2「関係当事者全員から」でなければ申請人がポイントに？

不動産登記（記述）の問題の依頼者については、次の二つのパターンがあることは、不動産登記（記述）の学習をしたことがある方ならば、ご存じのところです。

①司法書士が「関係当事者全員から」依頼を受けた場合
②司法書士が「特定の者から」依頼を受けた場合

①の場合には、別紙及び事実関係から生じた物権変動についての登記の申請人となる必要がある者からの依頼はすべて得られているということですので、依頼者については注意する必要はありま

せん。問題となるのが、②の場合です。「②の場合には、特定の者から依頼を受けていないため、保存行為、判決による登記、債権者代位による登記などが問題となる」と指導されることが、よくあります。しかし、それは本当でしょうか。

記述のカコ問を帰納的推測により分析していくとわかるのですが、②の場合でも、解答に影響がないこともあります（もちろん、影響があることもあります）。

たとえば、平成20年度の本試験の2回目の依頼がこれにあたります。平成20年度の本試験の2回目の依頼においては、依頼をした者が記載されていましたが、「関係当事者全員から」という記載でも結論は変わらない問題でした。つまり、不動産登記（記述）の依頼者について、記述のカコ問を帰納的推測により分析すると次のことが言えます。

①司法書士が「関係当事者全員から」依頼を受けた場合
- ↓ 解答のポイントにならない

②司法書士が「特定の者から」依頼を受けた場合
- ↓ 特定の者からの依頼であることが解答のポイントになる
- ↓ 「関係当事者全員から」という記載でも同じであるため、解答のポイントにならない

5　解答欄の各欄に記載すべき事項がない場合には、該当の欄に斜線を引きなさい。

このような本試験の〝出し方〟をあらかじめ準備しておくことで、本番で依頼者についての記載を読んだ時に、依頼者がポイントになるかどうか（なる可能性があるかどうか）が瞬時にわかるのです。

3「斜線を引け」などの注意事項があれば斜線は必須？

記述の試験においては、上に挙げたような注意事項が示されることがよくあります。

「斜線を引く」という部分は、「『なし』と記載する」「『ない』と記載する」「『申請不要』と記載する」などという場合もあります。この注意事項についても、前記2と同様、「この注意事項があれば、斜線を引く欄がある」という安易な指導がされることが、よくあります。

しかし、たとえば、平成21年度の不動産登記（記述）においては、この注意事項があったにもかかわらず、斜線を引く欄がありませんでした（添付情報の「その他」には斜線を引く箇所がありましたが、これは添付情報の記載方法として、注意事項5とは別に注意事項7の③として示されていました）。

不動産登記（記述）のこの種の注意事項について、記述のカコ問を帰納的推測により分析すると、次のことが言えます。

①この種の注意事項がない
→記載すべき事項がない欄がない

②この種の注意事項がある
→記載すべき事項がない欄がない
→記載すべき事項がない欄がある

以上、見てきましたとおり、カコ問の分析とは、**具体的なカコ問から帰納的推測により一般的に使用できるルールを作り出すこと**です。しかし、この帰納的推測は、本章冒頭で申し上げましたとおり、予備校の仕事ですので、（予備校が作成した）テキストがこの帰納的推測をきちんとできていない時に代わりにみなさんが行う、又は帰納的推測ができているテキストの一般的なルールにあたる該当箇所を探そうとする時にこの視点を使うということにお役立て下さい。

第10章

学説問題の二極化に一石を投じる第三極

——リアリスティック21

第1節

学説問題とは？

1 学説問題の本質

苦手としている受験生の方が多い「学説問題」の対策を考えていきます。
学説問題とは、次のページのような問題のことを言います。

学説問題は、このようにある法律問題について考え方が分かれる場合に、その考え方を1～3個程度示し、その考え方が採る結論、その考え方に至る理由、その考え方に対する批判などを肢として表示して、その考え方と肢の整合性を問う問題のことを言います。

この平成17年度（午前）第5問では、表見代理が成立する場合においても無権代理人の責任に関する規定が適用されるかについて、肯定説と否定説が示されています。なお、判例は肯定説です（最判昭62・7・7）。そして、それらの説に至る理由（ア・イ・ウ・オ）及び批判（エ）を肢として表示して、説との整合性を聞いています。

学説問題の仕組みについて、一般的なご説明をしましたが、これだけではまだ学説問題がどのようなものであるかを掴めないと思います。たとえを使って**学説問題の本質**をご説明します。

【平成 17 年度　午前　第 5 問】

表見代理が成立する場合においても無権代理人の責任に関する規定が適用されるか否かについては、適用を肯定する見解（甲説）と適用を否定する見解（乙説）とがある。次のアからオまでの記述のうち、「この見解」が甲説を指すものの組合せは、後記 1 から 5 までのうちどれか。

ア　この見解は、本人及び無権代理人のいずれについても無権代理行為の相手方からの責任の追及を免れさせる理由がないと考えられることをその根拠とする。

イ　この見解は、無権代理人の責任を、表見代理が成立しない場合の補充的責任であると位置付ける。

ウ　この見解は、無権代理行為の相手方に対して、有権代理の場合以上の保護を与える必要はないと考えられることをその根拠とする。

エ　この見解に対しては、表見代理が成立する場合において紛争を最終的に解決するためには、無権代理行為の相手方が本人に対し、さらには、本人が無権代理人に対し、それぞれ訴えを提起しなければならなくなり、紛争の解決方法としてう遠であるとの指摘がある。

オ　この見解は、表見代理が成立するか否かは不確実であるから、無権代理行為の相手方が本人に対して常に表見代理の主張をしなければならないとすると、無権代理行為の相手方に過大な負担を課すことになることをその根拠とする。

1　アエ　　2　アオ　　3　イウ　　4　イエ　　5　ウオ

【問題】

次の1及び2に関するア及びイの記述の正誤を判断しなさい。

1　登記事項証明書の①の箇所が黒で塗りつぶされている。
2　登記事項証明書の②の箇所が黒で塗りつぶされている。

ア　1は、代表取締役である松本雅典が自宅の住所を知られたくないことをその根拠とする。
イ　2は、代表取締役である松本雅典が自宅の住所を知られたくないことをその根拠とする。

登記事項証明書

商　号	[redacted] ①
公告をする方法	官報に掲載してする。

役員に関する事項	取締役　　松本雅典
	[redacted] ② 代表取締役　　松本雅典

突然ですが、右のページの下の図の株式会社の登記事項証明書の抜粋をご覧頂き、その上の問題を考えてみて下さい。この問題が、学説問題の本質、つまり、学説問題とは何であるかを表しています。

学説問題とは、**説と肢をつなぐことができるかどうかを問う問題**なのです。

肢イについては、商業登記法の学習をしたことがある方であれば、すぐに正しいことが判断できたかと思います。株式会社の登記事項証明書には、代表取締役の自宅の住所が記載されます。よって、黒く塗り潰さなければ、私の自宅の住所が周知のものとなってしまいます。

それに対して、肢アのほうは、実務経験のある方でなければわからなかったと思います。実は、肢アも正しいのです。株式会社の登記事項証明書は、株式会社の商号及び本店のおおよその位置がわかれば、取得することができます。そして、登記事項証明書を請求すれば、②の部分の黒塗りがされていない登記事項証明書を取得することができますので、結果的に私の自宅の住所が判明することとなります（ということで、ここでは私の株式会社がどの地域にあるかも伏せます）。

この問題は、肢イよりも肢アのほうが難しくなっています。その理由は、**説と肢をつなぐための知識が、肢アのほうが難しいから**です。肢イのほうは、つなぐための知識が「株式会社の登記事項証明書には、代表取締役の自宅の住所が記載される」という商業登記法を学習したことがある方であれば、誰でもご存じのものです。

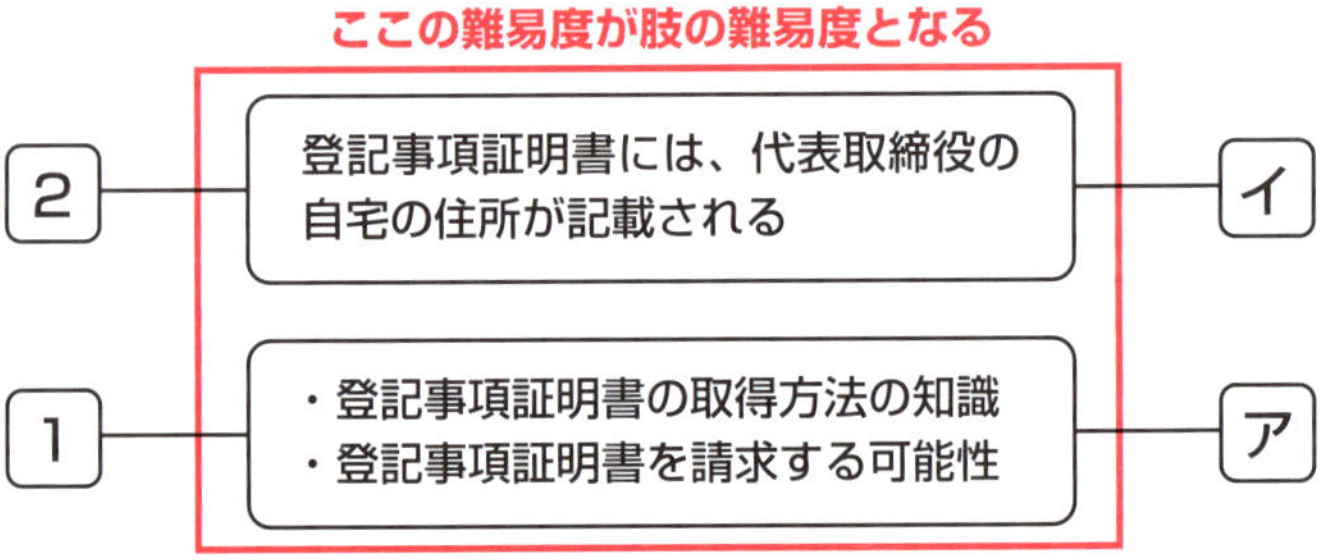

それに対して、肢アのほうは「株式会社の登記事項証明書は、商号及び本店のおおよその位置がわかれば、取得可能である」という実務で得る知識であり、さらに、「実際に登記事項証明書を請求する」ということまで想定して、補わなければなりません。

これを図示すると、上の図のようになります。

本節冒頭の平成17年度（午前）第5問の問題も、同様のことが言えます。この問題において、説と肢をつなぐための知識が易しいのは肢ウであり、難しいのは肢エです。

肢ウは、「相手方に……有権代理の場合以上の保護を与える必要はない」と言っています。「有権代理、つまり、代理権がある場合には、原則として、（代理行為の）相手方は本人に履行を請求することができるのみである」ということは、合格レベルの受験生の方であれば、ご存じです。よって、「有権代理の場合以上の保護を与える必要はない」と言っているわけですから、表見代理の成立により本人に履行を請求できるだけであり、無権代理人の責任追及はできないということが容易にわかります。

図1

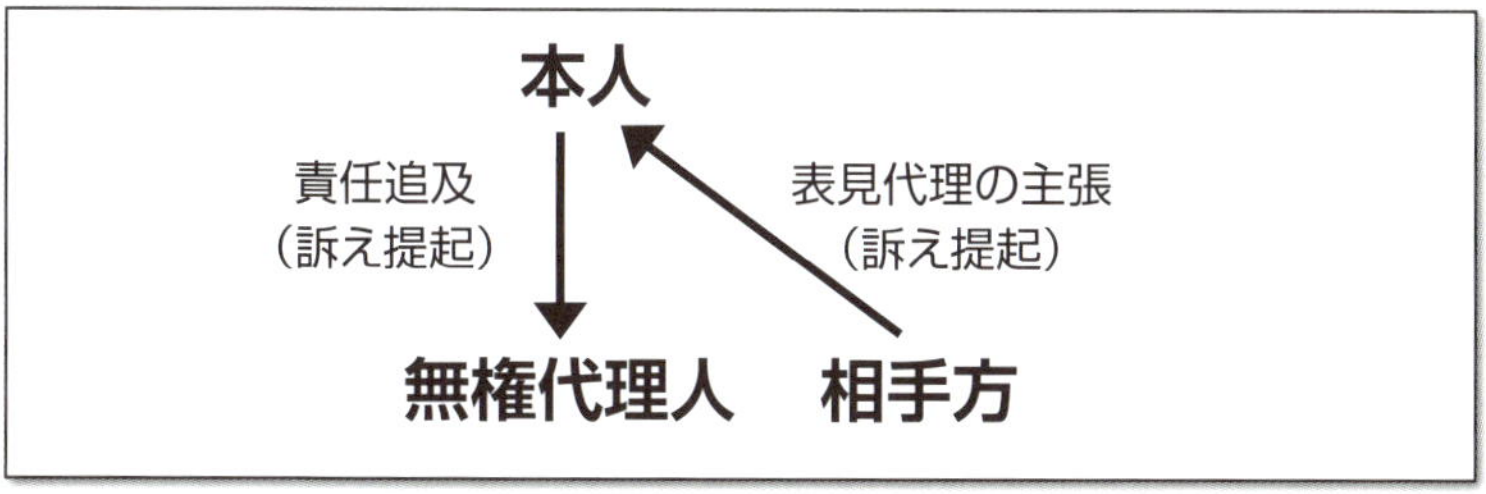
本人
責任追及
（訴え提起）
表見代理の主張
（訴え提起）
無権代理人
相手方

図2

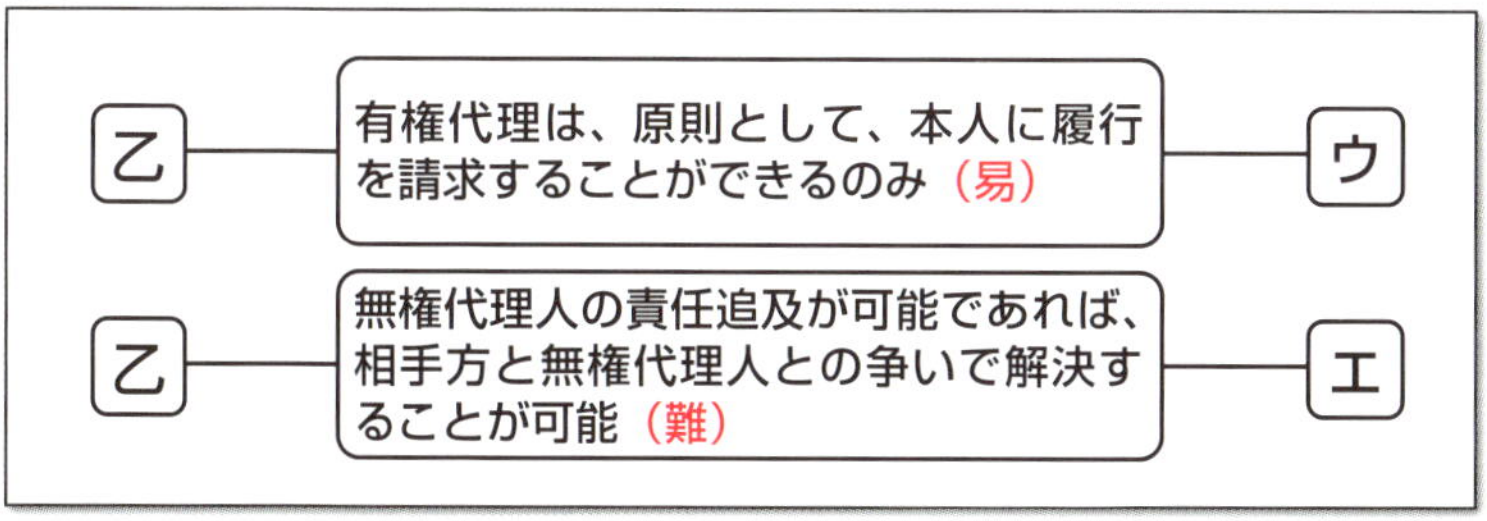
乙
有権代理は、原則として、本人に履行を請求することができるのみ（易）
ウ
乙
無権代理人の責任追及が可能であれば、相手方と無権代理人との争いで解決することが可能（難）
エ

それに対して、肢エは、「紛争を最終的に解決するためには、無権代理行為の相手方が本人に対し、さらには、本人が無権代理人に対し、それぞれ訴えを提起しなければならなくなる」という批判を言っています。この問題の事案において、最も責められるべきは、無権代理人です。そこで、表見代理が成立する場合に、相手方が無権代理人の責任追及ができれば、相手方と無権代理人との争いで解決することが可能です。しかし、それができない場合には、相手方が本人に表見代理の主張をし、本人が無権代理人に責任を追及するということになってしまいます（図示すると上の図1のようになります）。それが面倒だという批判がある、とこの肢は言っているわけです。

これらの説と肢の関係を、先ほどの登記事項証明書のたとえに合わせて考えると上の図2の

ようになります。

なお、このように説と肢をつなぐための知識を入れることなく、直接に説と肢をつなぐことができる場合もあります。本節冒頭の平成17年度（午前）第5問の問題で言えば、肢アがこれにあたります。肢アは「本人及び無権代理人のいずれについても……相手方からの責任の追及を免れさせる理由がない……ことをその根拠とする」と言っています。本人及び無権代理人の双方が、相手方からの責任追及を免れられないのですから、表見代理が成立する場合においても無権代理人の責任に関する規定が適用されるという甲説となります。

このように、説と肢を直接結び付けることができる場合もあります。図示すると、上の図のようになります。

このような肢であれば自分で補うことがありませんので、非常に正誤が判断しやすくなります。

第2節

三極の対立

1 三つの考え方

学説問題は、講師又は受験生の方によって、大きく考え方が異なる分野です。学説問題に対する考え方は、大きく3種類あります。

①知識型：各説が採る結論、理由及びその説に対する批判などを知識として記憶する考え方
②国語力型：本試験の現場で考えて解答する考え方(現場思考型)
③解法型：各説に関する最低限の知識を入れたうえで、学説問題の解き方を習得し、学説問題のパターンによって解き方を変える考え方

①の知識型と②の国語力型はわかりやすいですね。両極端の位置にあります。③の解法型は、各説に対する最低限の知識をベースとして解法を使用して正解を出すので、次のページの図のような位置になります。

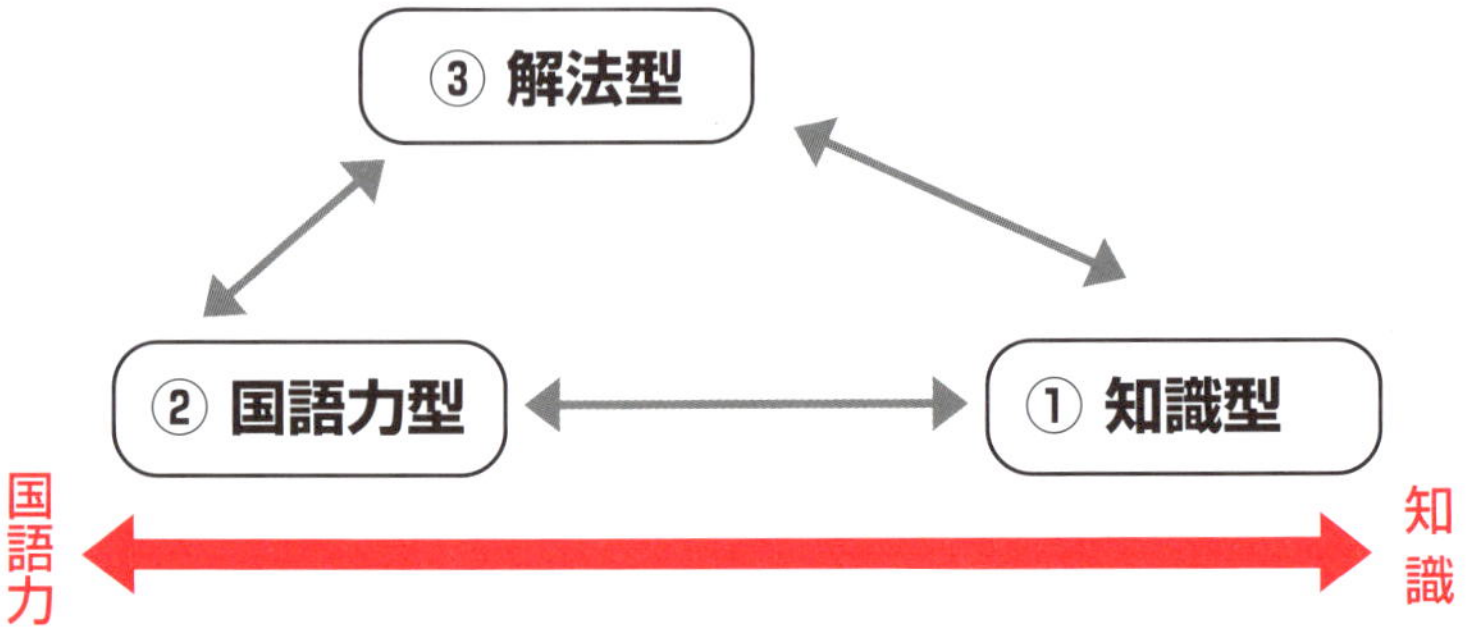

みなさんは、このうち、どの考え方で学説問題に対する対策を行うかを決めなければなりませんが、**③の解法型を採るのが最も効率的**であると言えます。①の知識型及び②の国語力型には、次のような問題点があるからです。

①知識型：ただでさえ膨大な知識量が要求される司法書士試験において、学説問題を知識でカバーしようとすることは難しい。また、知識で解けない学説問題も存在する（本章第3節❷参照）

②国語力型：現場思考型というと聞こえはよいが、結局は何も方法論を示していないと言える。よって、センスのある受験生の方のみ正解できるという事態になってしまう

このような欠点を克服したのが、③の解法型です。③の解法型は、最低限の知識により（①の知識量の増加を脱却）、学説問題の解き方を習得します（②の場当たり的な解答を脱却）。

Column

逃げてはいけない

①の知識型及び②の国語力型について、もう少し言及しておきます。このうち、特に問題なのが②の国語力型です。実は、私もかつては国語力型という“言い方”をしていました（拙著『司法書士５ヶ月合格法』自由国民社参照）。しかし、学説問題の解法を示せないがために、「国語力」と言って逃げる講師が増加したため、それと区別するために「解法型」と申し上げています。

単に「学説問題は国語力で解く」というのは、何も対策をしないことと同視できます。結局は場当たり的になってしまい、学説問題の得点が安定しないことになります。よって、採るべき対策は③の解法型ですが、②の国語力型を採るくらいであれば（何の対策もしないのであれば）、①の知識型を採るべきです。

以上を簡単にまとめると、「学説問題への対策は必要である」ということです（よって、何の対策も行わない②の国語力型は採り得なくなります）。その前提を確認したうえで、知識量の増加しない解法型が最も効率的であるということになります。

第3節 解法

1 二つの解法

本節において、学説問題の解法をご説明していきます。

学説問題の解法は、私が辰已法律研究所において担当しております『リアリスティック一発合格松本基礎講座』でいうと、講義の冒頭（毎回ではありません）で数十回に分けて1年間でご説明する量があります。学説問題の解法だけで1冊の書籍になる量のものです。

本書は、学説問題のみを扱った書籍ではありませんので、解法の一部となってしまうことは、ご了承下さい。ただし、できる限り多くの学説問題に使用できるように、特に重要な解法を本書で示します。

ご紹介するのは、「丁寧に三段論法を行う」という解法（本節2）と、「二当事者対立から考える」という解法（本節3）であり、「丁寧に三段論法を行う」という解法は憲法、民法及び不動産登記法において、「二当事者対立から考える」という解法は民法及び不動産登記法において使うことが多い解法です。

【平成 18 年度　午前　第 9 問】

次の第 1 説から第 3 説までは、物権的請求権の内容に関する見解である。A 所有の甲土地に B 所有の乙自動車が駐車されていたという事例に関する次のアからオまでの記述のうち、**誤っているもの**の組合せは、後記 1 から 5 までのうちどれか。

第 1 説　物権的請求権は、相手方に一定の行為を請求する権利である。

第 2 説　物権的請求権は、原則として相手方に一定の行為を請求する権利であるが、相手方の行為によらないで目的物が相手方の支配下に入った場合には、例外的に自らがする回復行為についての相手方の忍容を請求する権利となる。

第 3 説　物権的請求権は、自らがする回復行為についての相手方の忍容を請求する権利である。

ア　C が乙自動車を盗んで甲土地に駐車した場合において、A が甲土地の所有権に基づく物権的請求権を行使するときは、第 1 説でも第 2 説でも、B に対して B の行為を請求することができる。

イ　C が乙自動車を盗んで甲土地に駐車した場合において、B が乙自動車の所有権に基づく物権的請求権を行使するときは、第 2 説でも第 3 説でも、A に対して B の行為の忍容を請求することができるにとどまる。

ウ　C が乙自動車を盗んで甲土地に駐車した場合には、第 3 説では、B は、C に対して、自動車の回収に要する費用について、不法行為に基づく損害賠償請求をすることはできない。

エ　A が乙自動車を盗んで甲土地に駐車した場合において、B が乙自動車の所有権に基づく物権的請求権を行使するときは、第 2 説でも第 3 説でも、A に対して B の行為の忍容を請求することができるにとどまる。

オ　B が乙自動車を甲土地に駐車した場合において、A が甲土地の所有権に基づく物権的請求権を行使するときは、第 1 説でも第 2 説でも、B に対して B の行為を請求することができる。

1　アウ　　2　アオ　　3　イエ　　4　イオ　　5　ウエ

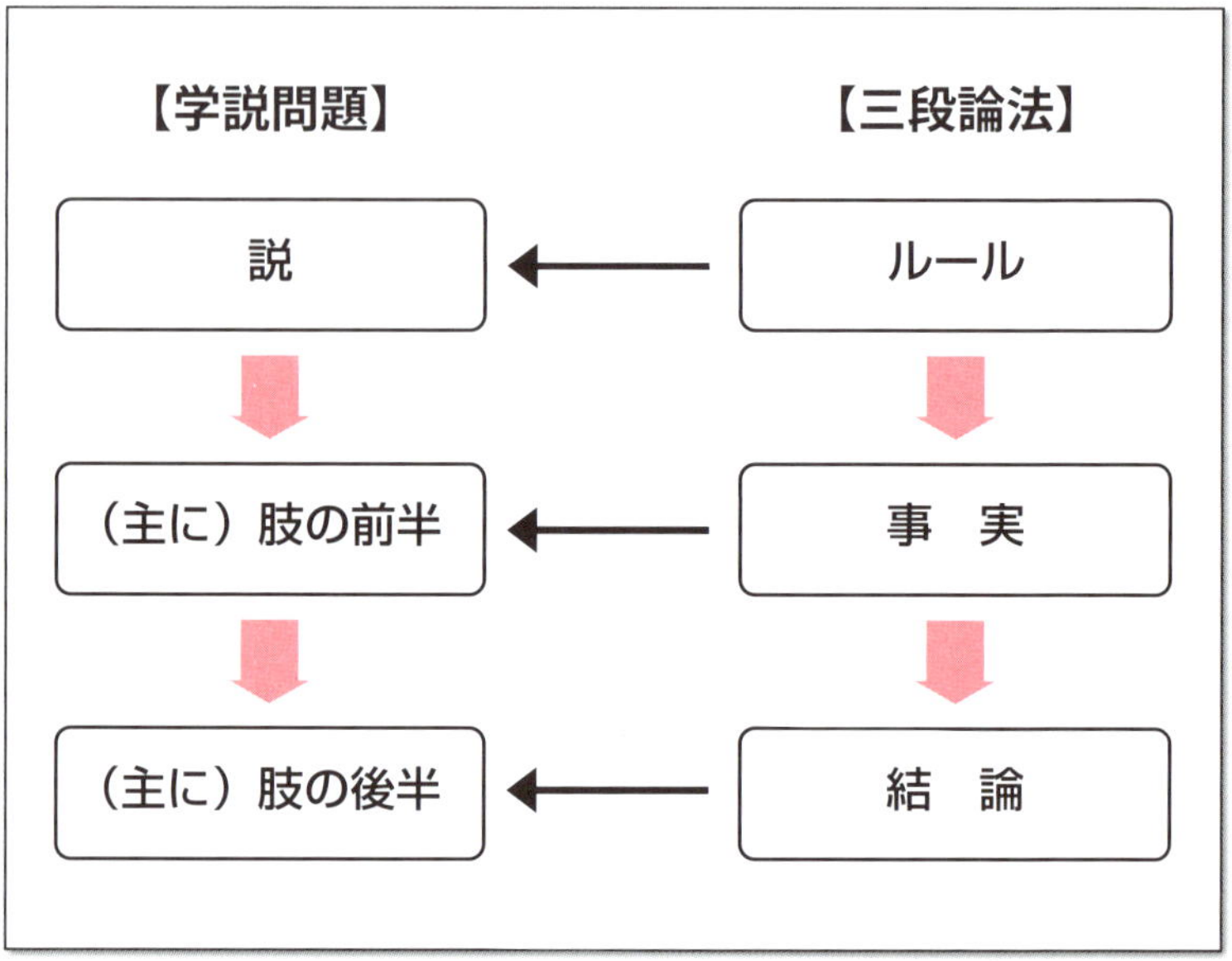

2 この問題を知識で解ける人はいるのか？

学説問題については、解法型で対策を立てるべきであるということが端的にわかる問題が、前のページに挙げた問題です。

この問題の解法は、「丁寧に三段論法を行う」というものです。三段論法については、第7章第2節**2**でご説明しましたが、「事実をルール（条文や判例など）に当てはめると、結論が出る」というものです。実は、学説問題もこの構造となっていることが、よくあるのです。

三段論法の視点で学説問題を見ると、上の図のようになります。

冒頭で表示される説に「この場合は、こうなりますよ」などと書かれており、（主に）肢の前半に事実が示され、（主に）肢の後半で結論が示されるというパターンです。この種の問題

第１説　物権的請求権は、相手方に一定の行為を請求する権利である。
第２説　物権的請求権は、原則として相手方に一定の行為を請求する権利であるが、相手方の行為によらないで目的物が相手方の支配下に入った場合には、例外的に自らがする回復行為についての相手方の忍容を請求する権利となる。
第３説　物権的請求権は、自らがする回復行為についての相手方の忍容を請求する権利である。

は、**肢の事実を説に丁寧に当てはめる**（三段論法を行う）ということが、非常に重要となります。Ｐ２６５の平成18年度（午前）第９問は、まさにこの解法で解くべき問題です。

それでは、この解法で平成18年度（午前）第９問を解いてみましょう。

第一段階 ―冒頭の説の読み方

これは、どのような学説問題であっても共通して重要なことですが、冒頭の説を読む時は、すぐに「知っている学説だ」と判断せずに、**丁寧に丁寧に読んで下さい**。なぜなら、試験勉強で学習する説はわずかであるため、似てはいるが知らない説であったということがあるからです。

冒頭の説を読む時は、上に挙げたようにアンダーライン又はマーカー（司法書士試験では、問題用紙にマーカーを引きながら問題を検討することが認められています）を引きながら読みます。下線を引いた箇所から、どのような説であるかを読み取ります。

第1説は行為請求権説であり、第3説が認容（忍容）請求権説であるということは、合格レベルの受験生の方であれば、知識で即座にわかります。

第2説に関しても、掲載されているテキストが多いので、修正行為請求権説であるということは、わかる方が多いでしょう。しかし、第2説は、特に丁寧に例外（◯をつけた「が」の後ろ）の要件を確認して下さい。「相手方の行為によらないで」「目的物が相手方の支配下に入った」ということが要件となっています。これと肢の事実とを照らし合わせることになります。

なお、第2説が修正行為請求権説であるということも、安易に判断しないで下さい。「第1説が行為請求権説であり、第3説が認容（忍容）請求権説だから、もう一つの説は修正行為請求権説だ」と安易に考えると、勘違いする可能性があります。みなさんがお使いのテキストには、大抵この問題で示された第3説が掲載されているでしょうが、これ以外にも、たとえば「責任説」という原則を認容（忍容）請求権とする説もあります。

繰り返しになりますが、説を丁寧に読み、どのような説かを把握することが非常に重要です。

第二段階 ―肢の読み方

肢を読んでいく時の最大のポイントは、肢の事実を**正確に把握すること**です。

本問の場合は、肢だけでなく、問題冒頭にも事実が書かれていますので、それも正確に把握する必要があります。問題冒頭には「A所有の甲土地にB所有の乙自動車が駐車されていた」とあり、

図1

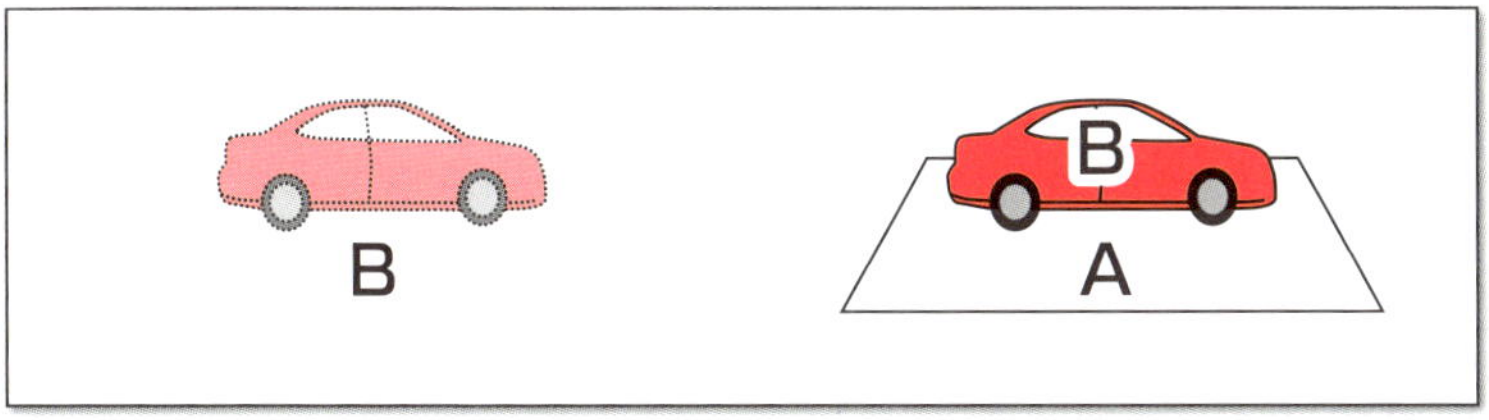

図2

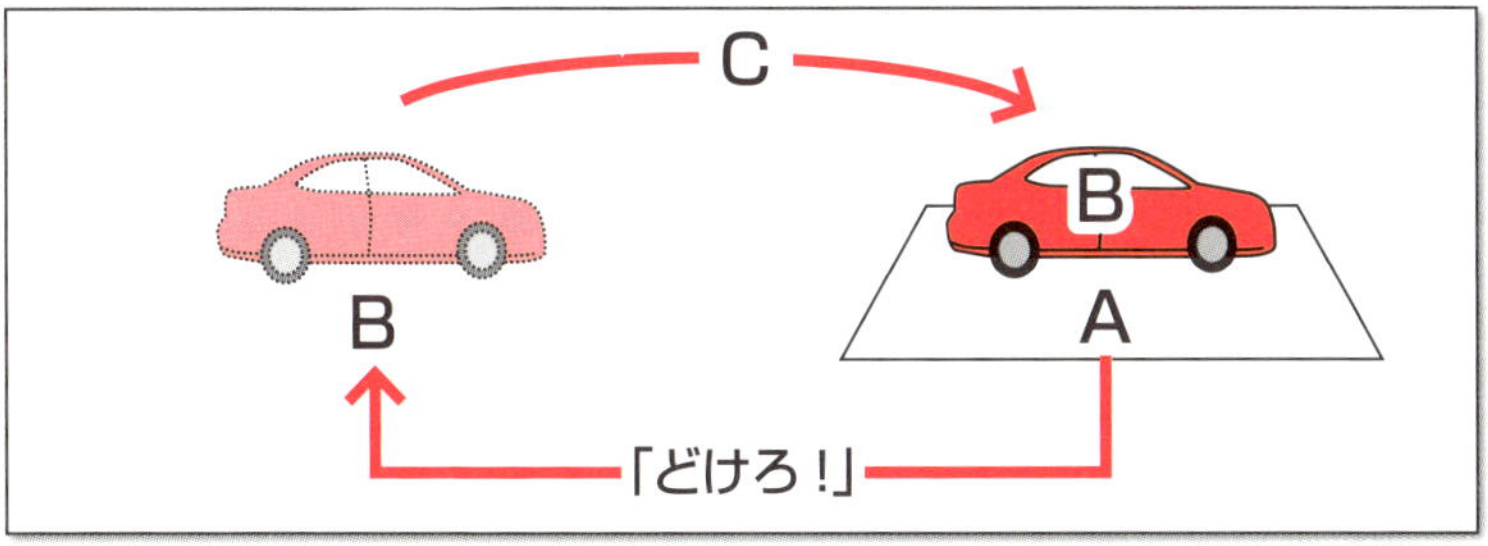

これがすべての肢に共通する事実となります。本問のように図が描ける事実は、図を描きます。

上の図1のように、誰の土地（Aの土地）の上に、誰の車（Bの車）が駐車されているのかということを正確に把握する必要があります。

続いて、肢を見ていきますが、事実を正確に把握し、説への当てはめができているかがわかる肢アと肢イを見ていきます。

肢アについて

肢アの事実は、「Cが乙自動車を盗んで甲土地に駐車した場合において、Aが甲土地の所有権に基づく物権的請求権を行使するときは」という肢の前半部分です。

図を描いて正確に事実を把握しましょう。

事実の把握ですので、ここも上の図2のように、図を描いたほうがよいでしょう。Bの自動第２説　物権的請求権は、原則として相手方に一定の行為を請求する権利であるが、相手方の行為によらないで目的物が相手方の支配下に入った場合には、例外的に自らがする回復行為についての相手方の忍容を請求する権利となる。

○　×

ア　Ｃが乙自動車を盗んで甲土地に駐車した場合において、Ａが甲土地の所有権に基づく物権的請求権を行使するときは、第１説でも第２説でも、Ｂに対してＢの行為を請求することができる。

車は〝Cの〟行為によって〝Aの土地に〟駐車され、〝Aが〟Bに物権的請求権（物権的妨害排除請求権）を行使しています。

　続いて、肢の結論を見ていきます。肢の結論は、「第1説でも第2説でも、Bに対してBの行為を請求することができる」となっています。

　第1説は、簡単です。第1説は「相手方に一定の行為を請求する権利」（行為請求権説）ですから、AはBに対してBの行為を請求することができることになります。

　当てはめができたかが問われるのが、第2説です。第2説の後半に該当するかが問題となります。第2説の後半、つまり、例外的に認容（忍容）請求権となる場合の要件は、「相手方の行為によらないで」と「目的物が相手方の支配下に入った」ということでした。肢の事実を上に挙げたように、この要件に該当するかを丁寧に当てはめます。

　請求の相手方（B）ではないCによる行為によって駐車されましたので、一つ目の「相手方の行為によらないで」とい

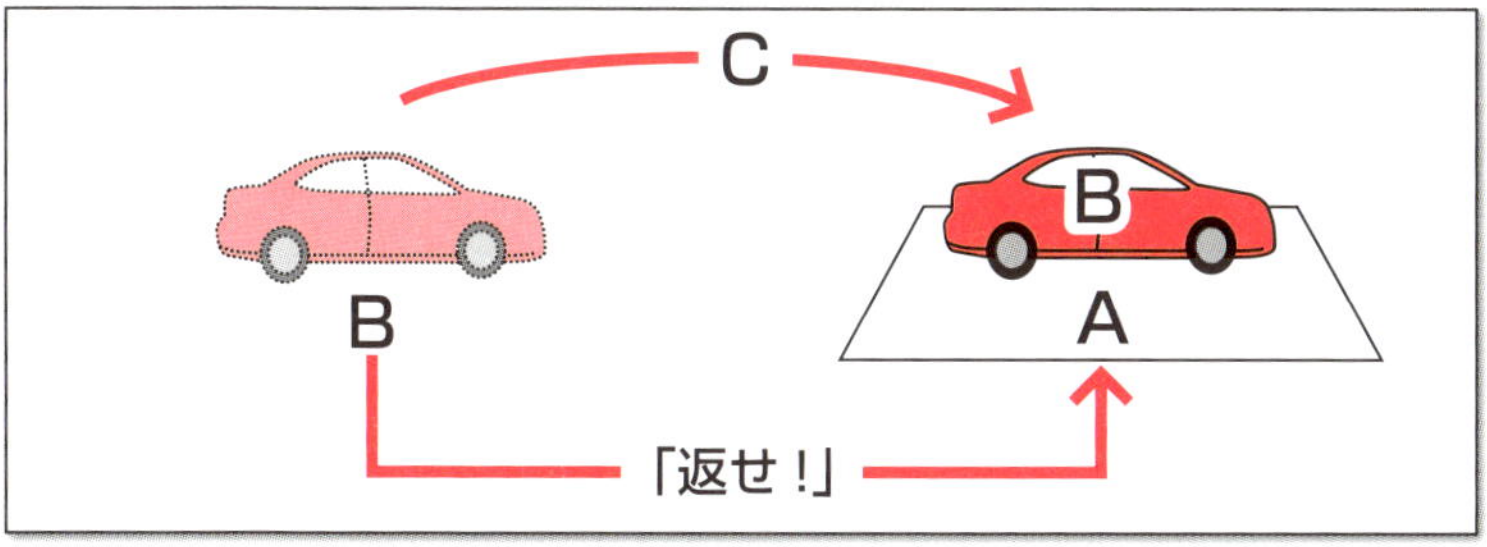

う要件は満たします。しかし、駐車されているのは、請求者であるAが所有する甲土地ですから、二つ目の要件である「相手方の支配下に入った」とは言えません。

よって、第2説の例外にはあたらず、第2説でもAはBに対してBの行為を請求することができることになります。従って、「肢アは正しい」ということになります。

このように、説に肢の事実を丁寧に丁寧に当てはめて下さい。

肢イについて

肢イの事実も、「Cが乙自動車を盗んで甲土地に駐車した場合において、Bが乙自動車の所有権に基づく物権的請求権を行使するときは」という肢の前半部分です。図を描くと上の図のようになります。

Bの自動車は〝Cの〟行為によって〝Aの土地に〟駐車され、〝Bが〟Aに物権的請求権（物権的返還請求権）を行使しています。

続いて、肢の結論を見ていきます。肢の結論は、「第2説でも第3説でも、Aに対してBの行為の忍容を請求することができるにとどまる」となっています。

第 2 説　物権的請求権は、原則として相手方に一定の行為を請求する権利であるが、相手方の行為によらないで目的物が相手方の支配下に入った場合には、例外的に自らがする回復行為についての相手方の忍容を請求する権利となる。

イ　C が乙自動車を盗んで甲土地に駐車した場合において、B が乙自動車の所有権に基づく物権的請求権を行使するときは、第 2 説でも第 3 説でも、A に対して B の行為の忍容を請求することができるにとどまる。

第3説は、簡単です。第3説は「自らがする回復行為についての相手方の忍容を請求する権利（認容〈忍容〉請求権）」ですから、BはAに対してBの行為の忍容を請求することができるにとどまることになります。

この肢イも、当てはめができたかが問われるのが、第2説です。ここでも第2説の後半に該当するかが問題となります。第2説の後半の要件に該当するかを丁寧に当てはめます。

請求の相手方（A）ではないCによる行為によって駐車されましたので、一つ目の「相手方の行為によらないで」という要件は満たします。さらに、駐車されているのは、請求の相手方であるAが所有する甲土地ですから、二つ目の要件である「相手方の支配下に入った」という要件も満たします。よって、第2説の例外にあたり、第2説でもBはAに対してBの行為の忍容を請求することができるにとどまることになります。

従って、「肢イは正しい」ということになります。

このように、説に肢の事実を丁寧に丁寧に当てはめて下さい。

ここまでお読み頂いておわかりだと思いますが、この問題は、説とそれに関する肢の結論を逐一記憶して解ける類の問題ではありません。事実のほうは、いかようにも変えることができます。よって、**カコ問の肢の事例を一つひとつ記憶したとしても、本試験には対応できない可能性が非常に高い**のです。この類の問題は、ここでご説明した、肢の事実を丁寧に説に当てはめるという解法で本試験に備えるしかないと言えるでしょう。

3 4分の1を意識する

次のページの問題は、本章第1節で示した問題ですが、この問題は「二当事者対立から考える」という解法が端的に当てはまる典型的な問題です。

第一段階 ―冒頭の説の読み方

冒頭の説を丁寧に読むことはここでも同様ですが、ここでは「二当事者対立から考える」という解法を使っていきます。

学説問題は説の対立があるわけですが、その対立の軸となるものとして多いのが、二当事者の対

【平成17年度　午前　第5問】

　表見代理が成立する場合においても無権代理人の責任に関する規定が適用されるか否かについては、適用を肯定する見解（甲説）と適用を否定する見解（乙説）とがある。次のアからオまでの記述のうち、**「この見解」が甲説を指すもの**の組合せは、後記1から5までのうちどれか。

ア　この見解は、本人及び無権代理人のいずれについても無権代理行為の相手方からの責任の追及を免れさせる理由がないと考えられることをその根拠とする。

イ　この見解は、無権代理人の責任を、表見代理が成立しない場合の補充的責任であると位置付ける。

ウ　この見解は、無権代理行為の相手方に対して、有権代理の場合以上の保護を与える必要はないと考えられることをその根拠とする。

エ　この見解に対しては、表見代理が成立する場合において紛争を最終的に解決するためには、無権代理行為の相手方が本人に対し、さらには、本人が無権代理人に対し、それぞれ訴えを提起しなければならなくなり、紛争の解決方法としてう遠であるとの指摘がある。

オ　この見解は、表見代理が成立するか否かは不確実であるから、無権代理行為の相手方が本人に対して常に表見代理の主張をしなければならないとすると、無権代理行為の相手方に過大な負担を課すことになることをその根拠とする。

1　アエ　　2　アオ　　3　イウ　　4　イエ　　5　ウオ

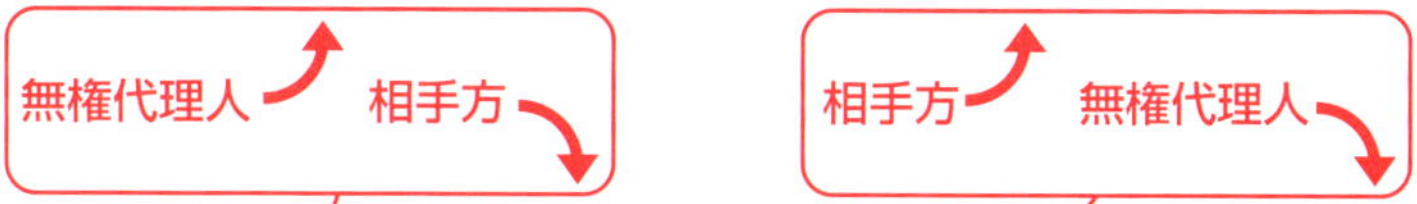

> 表見代理が成立する場合においても無権代理人の責任に関する規定が適用されるか否かについては、適用を肯定する見解（甲説）と適用を否定する見解（乙説）とがある。次のアからオまでの記述のうち、「この見解」が甲説を指すものの組合せは、後記1から5までのうちどれか。

立です。二当事者が対立している場合に、ある考え方を採ると一方に有利となるが、別の考え方を採ると他方に有利となるとき、説の対立が生じるのです。

この平成17年度（午前）第5問でいうと、対立している当事者は、（代理行為の）相手方と無権代理人です。そして、相手方の味方である説（甲説）と無権代理人の味方である説（乙説）が対立しています。

このような場合、冒頭の説を読んだら、上に挙げたように書き込んでおきます。

無権代理人の責任追及を肯定する甲説は「相手方の味方、無権代理人の敵」であり、無権代理人の責任追及を否定する乙説は「無権代理人の味方、相手方の敵」です。ポイントは、「相手方の味方」（甲説）「無権代理人の味方」（乙説）のみを記載するのではなく、「無権代理人の敵」（甲説）「相手方の敵」（乙説）も記載することです。相手方の味方であるということは無権代理人の敵となり（甲説）、無権代理人の味方であるということは相手方の敵となります（乙説）。

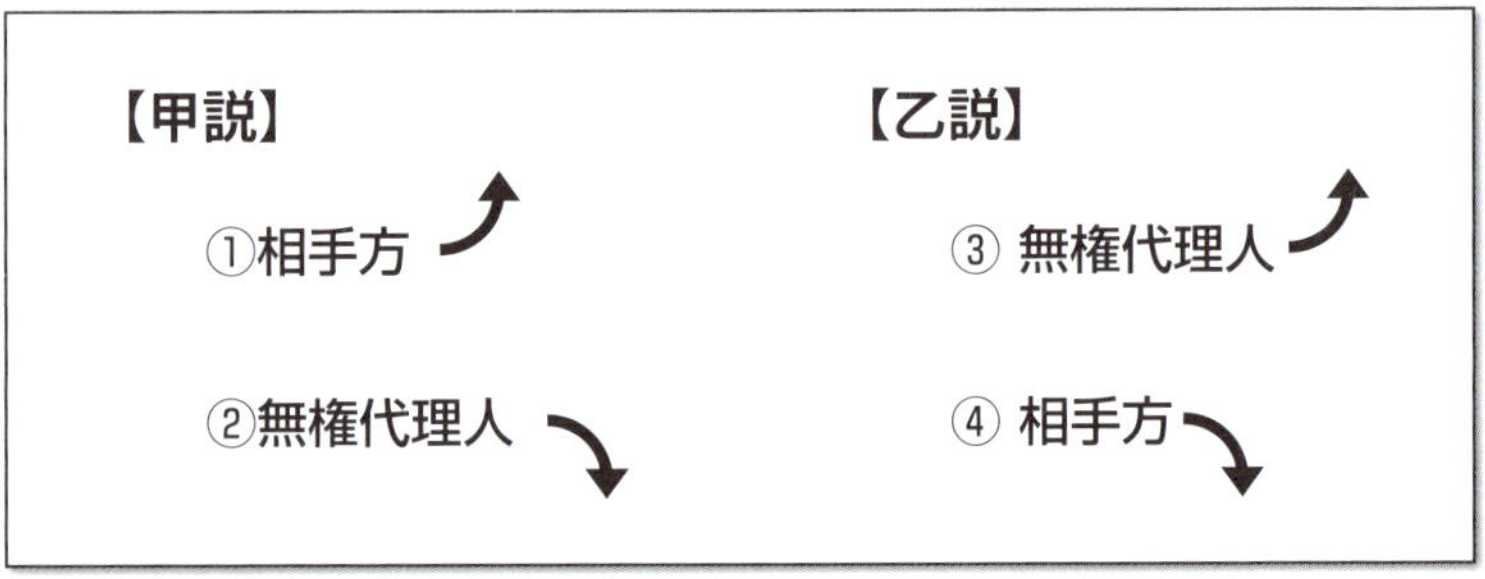

第二段階 ―肢の読み方

肢を読む時は、説に書き込んだ上の四つの記号のうち、どれか一つで判断していきます。**四つのすべてではなく、どれか一つのみで正誤を判断していく**ということが、ここでのポイントとなります。それでは、肢を一つひとつ見ていきます。

肢ア

肢アは、「本人及び無権代理人のいずれについても……相手方からの責任の追及を免れさせる理由がない」と言っていますので、無権代理人の敵である考え方であることがわかります。つまり、②に該当することにより、甲説の根拠であると判断します。

このとき、①、③又は④に該当するかどうかを考えてはいけません。判断しやすい②のみで甲説であると判断します。

肢イ

肢イは、「無権代理人の責任を、表見代理が成立しない場合の補充的責任である」と言っています。この肢は、どちらの味方（敵）かに着目して判断するというよりも、「補充的責任」という言葉の意味に着目して答えを出したほうが容易です。補充的責任とは、「◯◯がない場合に、責任が生じる」ということです。つまり、「無権代理人の責任が表見代理が成立しない場合の補充的責任である」ということは、表見代理が成立する場合は無権代理人の責任追及はできないということです。よって、否定説である乙説となります。

肢ウ

肢ウは、「相手方に……有権代理の場合以上の保護を与える必要はない」と言っています。これを短く言うと、「相手方にそんなに保護を与える必要はない」と言っているわけですから、相手方の敵である考え方であることがわかります。つまり、④に該当することにより、乙説の根拠であると判断します。ここでも、①～③に該当するかどうかを考えてはいけません。

肢エ

肢エは、本章第1節でご説明しましたとおり、説と肢をつなげるのが難しい肢です。本章第1節で図を用いてご説明しましたので、そちらをご参照下さい。

肢オ

肢オは、「相手方が本人に対して常に表見代理の主張をしなければならないとすると……相手方に過大な負担を課すことになる」と言っています。「相手方に過大な負担を課すことになることはかわいそうだ」と言っているわけですから、相手方の味方である考え方であることがわかります。つまり、①に該当することにより、甲説の根拠であると判断します。ここでも、②〜④に該当するかどうかを考えてはいけません。

すべての解法ではなく恐縮ですが、「丁寧に三段論法を行う」「二当事者対立から考える」という解法をご説明しました。これらの解法は、使用頻度が高いものですので、ぜひ身につけて下さい。

第11章

「記述特有の対策は不要である」と言える時代は終わった

記述特有の対策は必要か？（択一との関係）

1 記述式試験で試される能力

記述式試験で試される能力とは何でしょうか。それは、次の能力です。

①実体法と手続法の知識
②45～60分という時間内で正確に事案を把握できるか
③試験委員の指示に忠実に従えるか

よく「択一の知識レベルは記述の知識レベルを包含しているのだから、択一の学習をきちんと行っておけば、記述はできるようになる」と言われます。しかし、これには以前から疑問を呈する声が多かったのが事実です。つまり、「記述特有の対策が必要なのではないか」との考えです。この対立は、**平成23年8月に決着がつきました**。平成23年度の本試験より、法務省が広く情報公開を行うようになりました。具体的には、平成22年度までは公表されていなかった択一及び記述の「得点別員数表」が公開されたのです。よって、択一（午前・午後双方）の基準点突破者のどの程度の人間が記述で足切りになっているかが判明しました。平成24年度及び平成23年度は、次のページの表のような結果でした。

	択一（午前・午後双方）の基準点突破者	記述の基準点突破者	択一（午前・午後双方）の基準点突破者のうち、記述の基準点突破者の割合
H24	2169人	1145人	52.8%(※)
H23	2320人	1220人	52.6%(※)

※小数点2桁以下四捨五入

ご覧頂いておわかりのとおり、択一（午前・午後双方）の基準点突破者のうち、約半数が記述で足切りになっています。択一（午前・午後双方）の基準点を突破した実力のある方のうち、約半数もの方が、6割に満たない記述の基準点を突破できずに足切りになっているわけです。これは、「たまたま相性の悪い問題であった」「運良く択一の基準点を突破した方が混じっていた」という理由で説明可能な割合ではありません。

以上のことから明らかなとおり、「記述特有の対策は必要である」と言えます。そして、その記述特有の対策をすることにより身につけるべき能力が冒頭に記載したうちの次のものです。

②45～60分という時間内で正確に事案を把握できるか

③試験委員の指示に忠実に従えるか

これを身につける、つまり、記述特有の対策として〝解法〟を身につける必要があるのです。なお、冒頭の①については、択一の学習で包含されています。つまり、記述は、**「知識は基本的に択一に必要な知識で十分であるが、それに加えて解法が必要なもの」**なのです。

第2節

申請書の記憶——リアリスティック22

1 申請書

記述の基準点を突破し合格するためには、不動産登記（記述）及び商業登記（記述）において、それぞれ100数十種類の申請書の記載例を記憶しなければなりません。

なお、これは記述特有の対策、つまり、解法の話ではありません。申請書の記載例の記憶は、択一対策としても求められます。もちろん、択一では実際に記載は求められませんが、申請書の記載例がわかっていなければ解答できない問題が出ます。

たとえば、下に挙げたような問題です。

時効取得を原因とする所有権移転の登記の申請書の登記原因及び日付は、「年月日時効取得」であり、その年月日が時効の起算日である〈時効の効力は起算日に遡るため〈民法144条〉〉ということが問われています。この手の出題は、いくらでもあります。

【平成18年度　午後　第13問】

エ　丙不動産について、平成18年5月1日にAの取得時効が完成し、同月15日にAがこれを援用した場合には、「平成18年5月1日時効取得」を登記原因及びその日付として、丙不動産について所有権の移転の登記を申請することができる。

（A. 誤り）

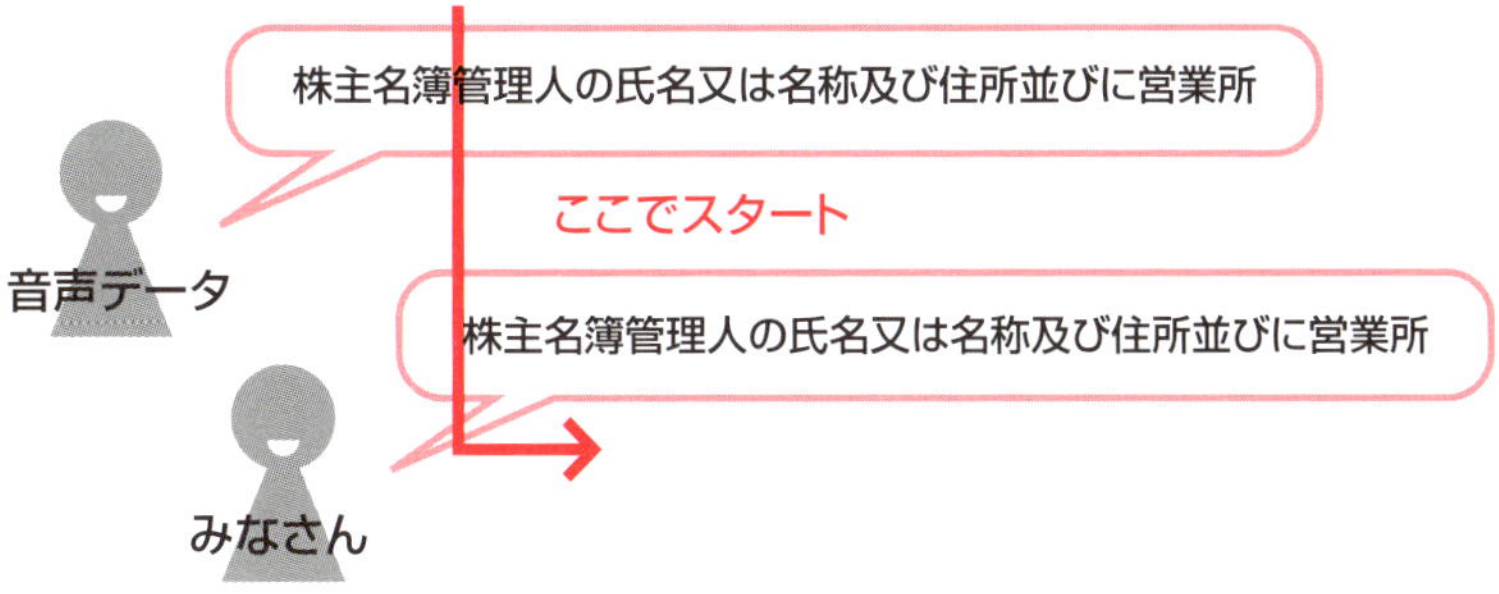

2 申請書の記憶法の種類

申請書を記憶する方法は、次の3種類があります。

①シャドウイング
②音読
③書き写す

①(シャドウイング)について

条文のシャドウイングについては、第5章第4節3においてご説明しましたが、それを申請書で行うというものです。上の図のように行います。ただし、第5章第4節3でご説明しましたとおり、条文と異なり、申請書の音声データは市販されていませんので、現状では予備校の講座を取らない限りは音声データが手に入りません（すべての予備校の講座で申請書の音声データが配布されるわけではありません）。

②(音読)について

この音読は、①のシャドウイングと異なり、どなたでも行うことがで

効率的 ← 非効率的

①シャドウイング

②音読

③書き写す

きます。申請書の音読は、第5章第4節**3**でご説明しましたとおり、テキストの申請書を紙で隠しながら、「登記の目的　所有権移転」「登記原因及びその日付　年月日売買」などと、申請書の記載事項を上からしゃべっていきます。紙で隠し、申請書の記載事項を思い出しますので、これもアウトプットの一つです。

③（書き写す）について

これは、申請書の記載例をメモ用紙か何かにひたすら書き写すというものです。

3 最も効率的な申請書の記憶法とは？

それでは、申請書の記載例を記憶するには、前記①〜③のどの方法が最も効率的でしょうか。その答えは、上の図のようになります。

このような順となる理由を三つの点から見ていきます。

1 所要時間

①〜③の方法は、大きく「①及び②」と「③」に分けられます。その違いは、書くか書かないかです。効率良く申請書の記載例を記憶するには、「書く」という動作を省くべきです。

たしかに、「書く」という動作は脳の刺激という意味では一定の効果があります。なぜなら、指先を動かす動作は、集中力を高める効果があるからです。しかし、その効果がある反面、書くことにより時間が膨大にかかってしまうという大きな欠点があります。

たとえば、②と③を比べて頂ければわかります。不動産登記の申請書の登記の目的である「所有権移転」という記載を、実際に書き、時間を計ってみて下さい。そして、その後、その書くのにかかった時間で何回「所有権移転」としゃべることができるかを試してみて下さい。人によって、書くスピード・しゃべるスピードが異なりますが、書く時間で5〜10倍の数をしゃべることができます。つまり、書く動作を省いたほうが、圧倒的に多く繰り返すことができるのです。繰り返すとなぜ記憶によいかは、第4章第2節**1**においてご説明しました。

2 音声学習の効用

声に出すことは、主体的な動作を含むとともに、聴覚を刺激するため記憶によいということも、①のシャドウイング又は②の音読をお薦めする理由の一つです。

3日本語の構造

「しゃべれるようになれば、書けるようになる」というのは、日本語の構造にあります。

日本語は、発音と平仮名が一致するのです。これが、たとえば、英語であれば一致しません。英語は「トゥー」という発音であっても、「to」「too」「two」など、様々なスペルの単語があります。

それに対して、日本語は「しょゆうけんいてん」という発音をすれば、それに対応する平仮名は「しょゆうけんいてん」以外にはありません。よって、平仮名がわからない方はいませんから、しゃべれるようになれば、あとは漢字に変換できるかという問題だけが残ることになります。

「書く方法により記憶しないと、本番で漢字が書けるか不安だ」と思われた方もいるかもしれません。しかし、申請書の記載に使用する漢字で難しいものはほとんどありません。漢字が難しい法律用語として「瑕疵」「囲繞地」などがありますが、申請書の記載において、これらの難解な漢字を使用することはほとんどなく、使用する漢字は「所有権」「抵当権」「抹消」など、基本的なものばかりです。よって、本番で書けるか不安に思った漢字のみ書く練習をするといった対策を行う程度で構いません。あとは、**しゃべれるようになれば、書けるようになります**。

第3節

解法 ――リアリスティック23

1 解法の習得方法

本章第1節で申し上げたとおり、記述には解法が必要です。本章第1節で記載しました記述式試験で試される能力のうち、次の②及び③の対策が必要となるのです。

②45～60分という時間内で正確に事案を把握できるか
③試験委員の指示に忠実に従えるか

②は、「どのように記述の問題の事案を処理していくか」ということがメインとなります。事案の処理の仕方として、答案構成用紙（現在の本試験の午後の部では、メモ用紙として使用できるA4の紙1枚が配布されます。これを答案構成用紙と言います）を使用するのかしないのか、使用するのならばどの程度の事項を記載するのかなどといったことです。

③は、注意事項をメインとする試験委員の指示です。たとえば、平成24年度の本試験で言えば、不動産登記（記述）の解答欄の第3欄に登記原因証明情報の記載をしてはいけないという試験委員の指示がありました。単に「気をつけなくては」と考えているだけでは、試験委員の数多くの指示

を落としてしまいますので、事前に対策を立てておく必要があります。

このような解法を身につけるために、誠に手前味噌で恐縮ですが、拙著『司法書士　リアリスティック不動産登記法　記述式』（日本実業出版社）をお薦めします。

同著は、②については、図形式整理法という権利関係を図形を用いて視覚的に把握していくという手法を採り、③については、第9章第2節でご説明しました「帰納的推測」により、本試験の出題を帰納的に分析し一般的なルールを導き出し、試験委員の指示を見落とさない方法をご説明しています。

「本試験の不動産登記（記述）の問題を同著以上に的確に分析した書籍はない」と言える自負はありますので、不動産登記（記述）の問題演習に入る前の段階でご使用下さい。

なお、商業登記（記述）についてもいずれ同著のような解法をご説明する書籍を出版する予定です。商業登記（記述）の解法は、不動産登記（記述）と異なる点もありますが、根本的な解法に対する考え方は不動産登記（記述）と同様です。

Column

採点基準から考える戦略

記述の採点基準（どの事項が何点か、どのような採点方法かなど）は、公開されていません。そこで、私は受験生の方及び合格者の方に、開示請求答案（行政機関の保有する個人情報の保護に関する法律に基づき、本試験の記述の採点前の答案を開示請求することができます）及び筆記試験の合格発表後に通知される成績通知をご提出頂き、記述の採点基準を探っています。この記述の採点基準を探ることは、ごく一部の講師のみが行っています。

様々なことがわかりますが、たとえば、不動産登記（記述）の理由を書かせる問（平成 24 年度の第 1 欄や平成 23 年度の第 2 欄などのこと）は平成 24 年度も平成 23 年度も答案用紙のスペース 4 分の 1 程度を占めましたが、配点は 3.0 点と推測されます（4.0 点を超えることはまずないと思われます）。

よって、理由を書かせる問の答えがわかっても、記載せずに商業登記（記述）に入り、商業登記（記述）が終わって時間が余っていれば記載するべきです。なぜなら、たとえば、平成 24 年度の第 1 欄で点数をもらうためには最低 120 字記載しなければなりませんが、獲得できるのは 3.0 点です。それに対して、商業登記（記述）第 1 欄の登記すべき事項に「取締役　A　　同　B　　同　C」と“8 字”記載すれば原則として 3.0 点獲得できます。つまり、書く時間が 15 分の 1 で済むのです。不動産登記（記述）の理由を書かせる問が空欄でも合格することは可能ですので、最後に記載するべきなのです。

第12章

決戦当日（本試験当日）の戦略

――リアリスティック24

第1節

時間配分

1 ノルマ達成の発想

日々の学習同様、本試験の時間配分においても「ノルマ達成の発想」はカギとなってきます。本試験の時間配分におけるノルマ達成の発想とは、「決められた時間がきたら必ず次の問題に進む」ということです。これを絶対のルールとすれば、時間切れで記述の答案用紙を埋めることができなかったなどということは起こりません。

具体的にどのように行うかを見ていきましょう。午前と午後に分けて見ていきます。

1 午前択一

午前択一は、次のノルマを設定します。

> **1問3分のペースで解く（105分で終了）**

1問3分のペース、これが午前のノルマとなります。1問3分のペースとは、「すべての問題を3

分で解く」という意味ではありません。解いている問題数に3分を乗じた時間以内であるというペースを守るということです。

たとえば、1問目・5問目・10問目を解き終わった時点での時間は、次のようになります。

- ・(1問目)1問×3分＝3分→1問目終了時点で3分を経過していてはいけない
- ・(5問目)5問×3分＝15分→5問目終了時点で15分を経過していてはいけない
- ・(10問目)10問×3分＝30分→10問目終了時点で30分を経過していてはいけない

このように、1問目終了時点で3分、5問目終了時点で15分、10問目終了時点で30分を経過していてはいけないというノルマですので、たとえば、9問目終了時点で25分しか経過していないのであれば、10問目に5分間かけて構いません。このように次の問題に5～10分程度かけて構わないという状況になりましたら、空欄補充問題、学説問題又は個数問題を解くという方法もあります（この後でご説明しますが、これらの問題は他の問題と比べて解くのに時間がかかります）。なお、これらの問題をまとめて後で解くという方法もあります。

この1問3分のペースでいくと105分で終了しますので、15分余ることになります。この時間ですべての問題の再検討はできません。よって、問題を解く時に後で再検討したい問題（もう一度考えれば答えが出るかもしれないと感じた問題）に「☆」の印などをつけておき、その問題のみ再検討します。なお、できればマークがズレていないかの確認も2分程度で行って下さい。

2 午後択一

午後択一は、記述との兼ね合いが重要となってきます。平成19年度までの本試験であれば、「択一90分・記述90分」という時間配分も合理性がありましたが、近年の記述の分量の増加を考えると「択一70分・記述110分」という時間配分が適切です。人によっては、択一が60分で終了するという場合もあり、その場合は記述に120分かけても構いませんが、択一に70分を超える時間をかけるべきではありません。

また、午後は択一と記述の解くべき順序が問題となりますが、近年の本試験の傾向からすると、次の順序がスタンダードでしょう。

択一 → 不動産登記(記述) → 商業登記(記述)

平成20年度~平成24年度まで、平成21年度を除いて、記述においてサプライズがありましたので(※)、記述を先に解くと衝撃を受け、頭が混乱した状態で択一に入る可能性があります。択一でも予想外の出題(平成23年度の第23問の不動産登記法上の罰則など)はありますが、それがあったとしても35問のうちのごく一部の問題です。

よって、択一から解くほうが無難であると言えます。

※平成20年度は不動産登記（記述）における別紙型への変更、平成22年度は商業登記（記述）において新設分割の出題、平成23年度は商業登記（記述）において大幅な形式の変化、平成24年度は商業登記（記述）において特例有限会社の株式会社への移行及び吸収合併の出題

次に、不動産登記（記述）と商業登記（記述）のどちらを先に解くかです。平成21年度以降は不動産登記（記述）が「少し易しい～普通」、商業登記（記述）が「少し難～難」という出題傾向が続いています。そのため、不動産登記（記述）は25～33点程度の得点を獲り、商業登記（記述）は10～20点程度の点数であっても合格するという方が大半を占めています。

この傾向が今後も続くとは限りませんが（平成20年度までは商業登記〈記述〉のほうが安定した得点が見込めました）、今のところは得点を稼ぎやすい不動産登記〈記述〉を先に解くほうが得策であると言えます。

「択一→不動産登記（記述）→商業登記（記述）」の大枠が決定しましたので、次は午後択一の時間配分を考えていきます。午後択一は、次のノルマを設定します。

1問2分のペースで解く（70分で終了）

午後択一にかけることのできる時間は70分ですから、1問2分のペースがノルマとなります。1問2分のペースの意味は、午前択一と同様です。よって、1問目・5問目・10問目を解き終わった時点での時間は次のようになります。

・(1問目)1問×2分＝2分→1問目終了時点で2分を経過していてはいけない
・(5問目)5問×2分＝10分→5問目終了時点で10分を経過していてはいけない
・(10問目)10問×2分＝20分→10問目終了時点で20分を経過していてはいけない

なお、午後は時間が非常にタイトですので、再検討したい問題も再検討する余裕はない可能性が高くなります。午前と異なり、再検討する時間はないと思っておいたほうがよいでしょう。ただし、再検討できる可能性がないわけではありませんので、再検討したい問題に「☆」の印などはつけておいて下さい。

非常に重要なことですので、再度記載しますが、**「択一70分」、つまり、択一35問を70分以内に終了させるということは、必ず守って下さい。**ほとんどの年度で午後択一は31問以上は合否と関係のない消化試合となっており、午後択一において30問台の戦いは趣味の世界であったという話を思い出して下さい（第1章第3節参照）。午後は択一のハードルが低いので、択一に時間をかけすぎず記述の時間をきちんと確保することが、**この試験のキー**となります。

Column

午後択一は全肢読まない？

午後の戦略として、「択一の全肢を読まない」というものがあります。次のような戦略です。肢アと肢イだけで正解が出る、肢アと肢エだけで正解が出るなどという問題は多くありますので、その場合に残りの肢を読まずに次の問題にいきます。そして、そのまま記述に入り、時間が余れば検討していない択一の肢を検討します。一見合理的な手法ですが、これは、次のどちらかに該当する方以外は使用しないで下さい。

①書くスピードがかなり遅いなどの理由で、記述に 120 分以上の時間がかかる方
②肢の正誤を誤って判断する可能性がほとんどない、かなり実力のある方

①の方は、記述に時間がかかるため、仕方がありません。たとえば、択一に 50 分しか使えないのであれば、全肢を読んでいる暇はありません。

②ですが、合格レベルの方の中でも、かなりの実力のある方でない限り、正誤を誤って判断してしまうということは往々にして起こります。たとえば、「肢アは正しい、肢イも正しいと思ったけど、肢オが明らかに正しいので、肢アが誤りだということがわかった」ということはよくあることです。そのようなレベルの方が、2 肢や 3 肢しか読まずに解答を出していくと、基準点に到達しない恐れがあるのです。また、**合格レベルにある受験生の方であれば、全肢を読んでも、70 分以内に終了します**。よって、②に該当するかなり実力のある方も、当然、70 分以内で終わらせることは可能ですが、かなり実力のある方であれば、この手法を用いて、択一を 50 分～60 分で終わらせ、記述にかなりの時間的余裕をもって臨むということでも構わないということです。

なお、ご注意頂きたいことがあります。この Column 内で「全肢を読む」「全肢を読まない」と表記しているとおり、この Column の話はあくまで“肢を読むかどうか”の話です。午前択一もそうですが、組合わせ問題は 2～3 肢で正誤を判断するということが頻繁にあります。ここで問題としているのは、全肢を読まずに最初に読んだ 2～3 肢で判断するのか、全肢を読んだうえで判断に使用する 2～3 肢を決めるのかということです。

この試験は、合格者の多くの方が1年や2年で合格レベルには達しているのですが、合格まで平均4年かかるのが実情です。それは、1年目や2年目で三つ（午前択一・午後択一・記述）の基準点を揃えられなかったことが原因であることが最も多いのです。それを早く揃えるためには、この午後の択一と記述のバランスがカギを握ることになります。また、70分かけて午後択一の基準点（近年は24～26問）が超えられない方は、そもそも合格レベルに達していないと言えます。

3 記述

まず不動産登記（記述）と商業登記（記述）の時間配分ですが、近年の商業登記（記述）の難化傾向・分量の増加からすると、「不動産登記（記述）50分、商業登記（記述）60分」とできれば理想的です。

しかし、近年の傾向では不動産登記（記述）で高得点を獲ることが要求されますので、不動産登記（記述）の事案検討が不十分であると感じれば、事案検討の時間を5分増やし、「不動産登記（記述）55分、商業登記（記述）55分」となっても構いません。

次に、50分、60分の中の時間配分ですが、それは、次の二つに分けて考える必要があります。

①事案検討の時間
②答案用紙に記載する時間

記述の問題は、問題で示される事案について、実体及び手続の判断を行う事案検討の時間（①）と、その事案検討により決定した申請書の記載などを答案用紙に記載する時間（②）に分けられます。①と②の配分は、次のような順で決まります。

【不動産登記（記述）】
Ⅰ　本試験当日に答案用紙を見て②の時間を決める
Ⅱ　50分からⅠで決定した②の時間を控除した時間を①の時間とする

【商業登記（記述）】
Ⅰ　あらかじめ②の時間を決めておく
Ⅱ　60分からⅠで決定した②の時間を控除した時間を①の時間とする

答案用紙に記載しないと得点がもらえませんし、本試験当日に急に記載するスピードが速くなるということもありませんので、まず②が先に決まります。

不動産登記（記述）の②の時間は、答案用紙の形式を見て大体の見当をつけることになります。平成22年度のように添付情報の具体的な記載がほとんど求められていない問題であれば「15～20分

Column

字が汚くても減点されない？

次の記載は、私が本試験を受けた際に書いた答案を開示請求したものです。

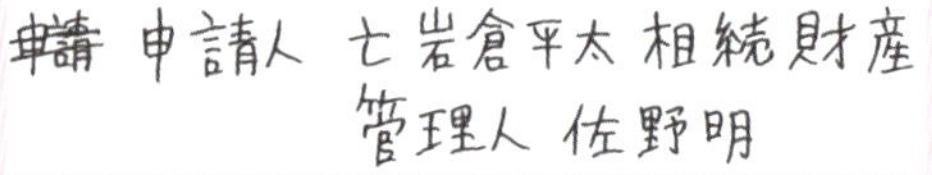

決してキレイな字であるとは言えませんが、丁寧には書いていますので、漢字のテストであっても減点はされないと思われます。しかし、このように丁寧に記載することは、試験戦略上では誤っています。

私は、受験生であった時には、記述の採点基準に関する情報を一切知らなかったため、「漢字のテストであっても減点されないくらい丁寧に書く」という方針で本試験に臨みましたが、受験生の方及び合格者の方の記述の開示請求答案を分析すると明らかですが、**記述は字が汚くても減点されません**。ただし、あまりに崩して書くと（何の字かがわからないレベル）減点されていますので、最低限、**何の字かわかる程度**には書いて下さい。

「どの程度まで汚く書いてよいのか ?」と疑問に思われると思います。明確な基準はわかりませんので、あくまで参考ですが、何通もの開示請求答案を見てきた私の主観では、次のようになります（「取締役」の「取」の字です）。

【減点されないと思われる字】

【減点されると思われる字】

左の記載程度の汚さであれば、まず減点されないと言えるでしょう。それに対して、右の記載ほど崩してしまうと減点されると考えられます。

おそらく、みなさんが思っていた以上に、汚い字でも減点されないということがわかったと思います。前記の私が本試験で書いたように丁寧に書く意味はありませんので、字を汚くし、記載スピードのアップにつなげて下さい。

程度」、平成24年度のように添付情報の具体的な記載が求められている問題であれば「20～25分程度」かかるということが事前にわかります。

商業登記（記述）は、答案用紙からは記載量についてわかることが少ないので、記述のカコ問を解く中で、事前に「25分程度」と決めておきます。

なお、「15～20分程度」「20～25分程度」「25分程度」などと記載しましたが、これは人によって記載するスピードが異なります。記述のカコ問を解く中で、ご自身がどれくらい答案用紙の記載に時間がかかるのかを、本試験までに必ず把握しておいて下さい。

2 最初の2分間は問題把握と○×

この傾向は午前のほうが強いのですが、試験開始後、「問題を読んでも外国語を読んでいるような感覚となり、文字は頭に入ってくるが、内容は頭に入ってこない」ということが起こる方がいると聞きます。これまでの試験で経験がある方も多いでしょう。

その対処法として、「開始後すぐに問題を解かず、一度深呼吸をする」という方法があります。試験開始は試験官のタイミングによるため、一旦自分のタイミングに直す必要があることなどから、この方法をお薦めしています。それに加えて「最初の2分間は、問題把握を行い、問題に大きく○又は×をつける」ということも有効です。

① 出題テーマ

【平成24年度　午前　第1問】

第1問　財産権に関する次のアからオまでの記述のうち、**判例の趣旨に照らし正しいもの**の組合せは、後記1から5までのうちどれか。

1 問題把握

午前又は午後の試験開始後、35問の問題について、次の事項を把握します。

①出題テーマ
②組合わせ問題、単純正誤問題、個数問題の別
③知識問題、空欄補充問題、学説問題の別

①(出題テーマ)について

出題テーマは、問題文冒頭の上に挙げたような部分にマーカーを引くことにより（アンダーラインでも構いません）把握します。

第7章第2節**2**でご説明しましたとおり、司法書士試験は高度な当てはめを問う意図の試験ではありませんので、ほとんどの問題において、このように何のテーマについて聞くかが記載されています。

よって、それを利用し、試験開始直後にテーマを把握してしまいます。

②(組合わせ問題、単純正誤問題、個数問題の別)について

組合わせ問題が多くを占めますので、単純正誤問題及び個数問題がどの程

② 組合わせ問題、単純正誤問題、個数問題の別

【組合せ問題】

1 アウ　2 アエ　3 イウ　4 イオ　5 エオ

【単純正誤問題】

【個数問題】

1 1個　2 2個　3 3個　4 4個　5 5個

度あるかを把握します。これは、各問題の最下部を見れば、わかります（上の図を参照）。

単純正誤問題については何も記載がありませんが、単純正誤問題は肢自体に「1」や「2」の数字がついていますので、最下部には何も記載されません。

③（知識問題、空欄補充問題、学説問題の別）について

知識問題が多くを占めますので、空欄補充問題及び学説問題がどの程度あるかを把握します。空欄補充問題については、パッと見てすぐにわかりますので問題ありません。それに対して、学説問題は、すぐに判別できる場合とできない場合があります。問題文をよく読んでみると、学説問題であることがわかったということもあるのです。しかし、この1と次にご説明する2には2分程度しかかけませんので、問題文まで読んでいる暇はありません。よって、学説問題であることを落としてしまう問題が数問あっても仕方がありません。

【平成24年度　午前　第12問】

第12問　民法上の質権に関する次のアからオまでの記述のうち、**判例の趣旨に照らし正しいもの**の組合せは、後記1から5までのうちどれか。

ア　動産質権者が質物について転質をした場合には、質権者は、転質をしたことによって生じた損失について、不可抗力によるものを除き、その責任を負う。

イ　動産質権の設定は、質権設定者が質権の目的物を質権者に占有改定の方法によって引き渡すことによっても、その効力を生ずる。

ウ　動産質権は、設定行為に別段の定めがあるときを除き、質物の隠れた瑕疵によって生じた損害の賠償をも担保する。

エ　指名債権を目的とする質権の設定は、その債権についての契約書があるときは、これを交付しなければ、その効力を生じない。

オ　特約により譲渡が禁止されている指名債権を目的とする質権の設定は、その特約について質権者が悪意であるときは、無効である。

1　アイ　　2　アエ　　3　イオ　　4　ウエ　　5　ウオ

2 問題に大きく○又は×をつける

これは、本章第2節でご説明するケアレスミス対策でもありますが、午前又は午後の試験開始直後に行うことですので、ここでご説明します。

　問題文冒頭の「正しいものの組合せは」「誤っているものの組合せは」「正しいものは」「誤っているものは」などという箇所（近年の本試験では、これらの箇所はゴシック体になっていますので、通常の明朝体に比べて太字に見えます）を見て、上に挙げたように肢の横に大きく○又は×をつけます。

　これは、正しいものの組合わせを選ぶべき問題であるにもかかわらず、誤っているものの組合わせを選んでしまう、又はその逆のことをしてしまうことを防止するために行います。「そんな単純なミスはしない」と思われるかもしれませんが、これは多くの受験生の方が経験しているところです。私も、本試験において午前で1問、午後で2問、このミスを犯しています。

その対処法として、「正しいもの」や「誤っているもの」などの箇所にマーカーやアンダーラインを引いておけばよいのではないかと思われたかもしれませんが、それらの記載は問題文冒頭にあるため、解答番号を選ぶ際に目がいかなくなる可能性があります。解答番号を選ぶ際には、肢と（組合わせ問題又は個数問題であれば）問題最下部の候補を照らし合わせるため、問題文冒頭ではなく、肢の横に大きく◯又は×をつける必要があるのです。

これらの作業は、各問題を1問1問解いていく中で行うこともできますが、試験開始直後は問題文を読んでも内容が頭に入ってこない可能性があるため、試験開始直後に問題全体の把握と、ケアレスミス対策を行います。

3 後回しにする問題

空欄補充問題、学説問題及び個数問題は、一旦後回しにするべき問題です。本節冒頭でご説明しましたとおり、午前択一は1問3分のペース・午後択一は1問2分のペースで解いていくことになります。しかし、これらの3種類の問題には、3分（午前択一）・2分（午後択一）以上かけて構いません。

空欄補充問題及び学説問題は、時間をかければ正解にたどり着ける可能性が高いものです。空欄補充問題は、空欄に入る肢が即答できなくても、文章の前後関係又は他の空欄との関係などにより正解を出せる可能性が高い問題です。学説問題は、第10章第3節でご説明しましたとおり、単なる知識だけではなく解法を利用して解きますので、ある程度時間がかかります。個数問題は、時間をかければそれだけ正解率が上がるというものではありませんが、全肢検討しなければいけませんので、時間がかかる問題であることは間違いありません。

このような理由から、午前択一であれば、空欄補充問題・学説問題には5～10分程度、個数問題には5分程度かけて頂いて構いません。ただし、午後択一の場合には、かけられる時間が70分しかありませんので、空欄補充問題・学説問題には5分程度、個数問題には3分程度がかけられる時間の限界となります。

空欄補充問題、学説問題及び個数問題の解くタイミングですが、5～10分程度（午前択一）又は3～5分程度（午後択一）の時間をかけますので、1問3分のペース（午前択一）又は1問2分のペース（午後択一）に余裕が出てきた時に解きます。たとえば、午前択一において、「19問終わった段階で50分しか経過していなければ空欄補充問題1問を10分かけて解く」などといった具合です。

第2節 ケアレスミスは最低のミス

1 ケアレスミスの重大さを認識する

――ケアレスミスは最低のミスです――

このことがわかっている（「知っている」ではなく）受験生の方は、残念ながら非常に少ないのが実情です。ケアレスミスによる失点、つまり、不注意がなければ正解できたということですが、これはそれまでの努力を台無しにしかねない最低のミスです。

このように聞いても、みなさんのほとんどは「ケアレスミスが原因で不合格になった」という経験がないでしょうから、重要性が認識できないかもしれません。

しかし、私は「合格点まで0・5点足りなかった」「合格点は超えているが、記述の基準点に0・5点足りなかった」という受験生の方の成績通知を何通も拝見しています。択一の基準点に1問届かなかったという方も入れれば、相当な数になります。みなさんが、筆記試験の合格発表時に「ケアレスミスをしていなければ、今年で受験勉強が終わっていたのに」と思っているのではなく、「松本は、ケアレスミスについて大げさに言っていたけど、本試験でケアレスミスなんてしなかった。

【平成 24 年度　午前　第 10 問】

イ　地上権の設定行為において当該地上権の譲渡を禁止する旨の特約がされた場合には、当該特約に違反して地上権者が地上権を第三者に譲渡しても、その第三者は、当該地上権を取得することができない。

（A. 誤り）

肢の末尾に波線を引くということを習慣に

イ　地上権の設定行為において当該地上権の譲渡を禁止する旨の特約がされた場合には、当該特約に違反して地上権者が地上権を第三者に譲渡しても、その第三者は、当該地上権を取得することができない。

脅かしやがって」と思われていることを切に願っております。このように、ケアレスミスの重大さを認識し、ケアレスミスに真剣に向き合うことから、その対策が始まります。

2 肢の語尾の誤読防止

正しいものの組合わせを選ぶべき問題で、誤っているものを選んでしまうミスに対する対策は、本章第1節2でご説明しました。それと匹敵するほど多いケアレスミスが、肢の語尾をよく読まずに正誤を判断してしまうというものです。

たとえば、上に挙げたような肢があります。

本肢は「地上権設定契約において譲渡禁止特約をすることは可能であるが、永小作権（不登法79条3号、民法272条ただし書）などと異なり、それを登記する方法がないので、その譲渡禁止特約は当事者間においては有効だが、第三者には対抗できない」という知識を聞いています。肢の途中まで読み、この知識のことを聞いているということがわかり、「地上権の譲渡禁止特約は第三者に対抗できなかったな。だから、第三者は地上権を取得することができる」ということが頭に浮かび、末尾の「できない」をよく読まずに正しい肢と判断してしまうことがあります。肢を読んでいる途中で「わかった」と多少の達成感・安心感を得てしまうのが原因です。

それでは、どのようにしてこのミスを回避すればよいのでしょうか。

このミスの対処法として「肢の最後まで丁寧に読んで下さい」「誤読しないように意識的に注意して下さい」などというアドバイスもありますが、これでは何の対策にもなっていません。本書をここまでお読み頂いておわかり頂いたと思いますが、**抽象的なアドバイスや対策では何の意味もないのです**。第8章でご説明しましたとおり、「テキストを読み込んで下さい」では、何の指導もしていないということになります。第8章第2節から第4節でご説明したような具体的な方法を考える必要があるのです。ここでは、各肢を読む時に前のページの書き込みを行って下さい。

肢を読む時に、肢の末尾に波線を引くことを習慣にして下さい。これを行えば、肢の途中まで読んで「わかった」と思い、肢の末尾をよく読まないということがなくなります。また、必ず〝波線〟にして下さい。直線だとサッと引くことができてしまいますが、波線であれば引くのに時間がかかるので、その際に肢の末尾をよく読むことができます。

【平成 24 年度　午後】

(3)　試験問題は、多肢択一式問題（第 1 問から第 35 問まで）と記述式問題（第 36 問及び第 37 問）から成り、配点は、多肢択一式が 105 点満点、記述式が 70 点満点です。
　なお、第 36 問の試験問題の一部として別紙 1 から別紙 9 までがあり、第 37 問の試験問題の一部として別紙 1 から別紙 11 までがありますので、注意してください。

3 試験監督官の指示に忠実に従う

　試験では、試験監督官の指示に忠実に従うことも重要となります。試験監督官は「受験番号、受験地、氏名を答案用紙に記載しなさい」などとおっしゃいますが、それに忠実に従って、言われたとおりに行って下さい。指示されたとおりに行うことで、記載漏れを防ぐことができます。なお、試験監督官の指示に従うと、受験番号などの記載漏れを防ぐことができる以外にも、有用なことがあります。試験委員は「問題冊子の表紙に書かれている注意事項を読んで下さい」とおっしゃいます。これは、数回司法書士試験を受験された方でもご存じない方が多いのですが、午後の問題冊子の表紙に上に挙げたような、特に重要な記載があります。記述において重要な別紙の枚数が問題冊子の表紙に書かれています。ここを見れば、不動産登記（記述）について、（平成24年度～平成22年度の「別紙＋事実形式」かまではわかりませんが）「別紙形式」又は「別紙＋事実形式」なのか、それとも「事実形式」なのかはわかります。これが試験開始前にわかっているか否かで、記述に対する心構えがまるで変わってきます。

第13章

答練・模試に対する誤った考え方

答練・模試を受ける必要はあるのか？

1 模試

模試を受ける必要性は、どの受験生の方であっても違いはありませんので、模試から記載します。

結論から申し上げますと、模試は必ず受けて下さい。

初学者の方であっても、中上級者の方であっても、違いはありません。初学者の方で、たとえすべてのカコ問が終わっていなかったとしても（直前期でこの状態は非常にまずいのですが）、必ず受けて下さい。なぜなら、模試を受ける目的は、「そこで出された問題が本試験で的中する」といったものではなく、「試験慣れ」であるからです。

本試験では、次の条件で問題を解くことになります。

①人生でそう何度も経験しない緊張状態である
②周りには知らない受験生の方が多数いる
③解く問題は初見の問題である

①（人生でそう何度も経験しない緊張状態である）について

これは、残念ながらシミュレーションにはなりません。本試験と同様の緊張感を本試験以外で体感することはできません。しかし、②及び③の練習は、模試でも可能です。

②（周りには知らない受験生の方が多数いる）について

当然のことですが、本試験では知らない受験生の方に囲まれた中で問題を解かないといけません。普段、ご自宅などで問題を解いているのとは違います。

それが現れるのが、たとえば、午後の部が開始して1時間を過ぎたあたりです。午後の部が開始して1時間程経つと、（やる気のある受験生が少ない教室を除いて）試験教室内の問題冊子をめくる音がかなり大きくなります。択一から解く受験生の方が多数を占めているので、最初の1時間程度はほとんどの方が択一を解いています。しかし、1時間程経過すると、記述に入る方が増えてきます。そうすると、記述は不動産登記法・商業登記法ともに別紙形式ですので、事案を把握するために登記記録と別紙の契約書を照合する作業などが出てくるため、ページをめくる回数が増えるのです。これが、午後の部の開始1時間程度で、試験教室の状況が様変わりする要因です。

こういったことを初めて経験すると、「みんな、もう記述に入ったのか。自分は、まだ択一だ。まずい」などと焦ってしまいます。そうならないようにするためにも、本試験前に模試を受験し、「本試験では、周りに他の受験生もいる」ということを再確認する必要があります。「本試験では、周りに他の受験生もいる」ということは、当たり前のことですが、その事実を本試験当日に実感しないで済むようにして下さい。

③〈解く問題は初見の問題である〉について

普段の学習では、単元別の過去問集を使用しますが、直前期には年度別の過去問集で時間配分などの練習をします（第4章第2節**3**参照）。しかし、その多くは、既に一度は解いたことがある問題です。よって、初見の問題を時間内に解くことの練習にはなりません。本試験でも、模試でも、一定割合はカコ問と同様の知識が出題されますが、多くはその問い方を変えてきます。よって、模試を受けることで、初見の問題を制限時間内に解く練習になります。

2 答練

答練は、模試と異なり、すべての方が受ける必要のあるものではありません。答練を受けるべきかは、各予備校の答練が本格的に始まるシーズンである1月以降のご自身の状況によって変わってきます。次の基準で、受けるかどうかを決めて下さい。

①その時点でカコ問が終わっている（一度解いた）方 → 受けて頂いて結構です

②カコ問が終わっていない（一度も解き終わっていない）方→受けている暇はありません。カコ問を早く終わらせて下さい

①及び②をご覧頂いておわかりのとおり、基準はカコ問が終わっているかどうかです。つまり、カコ問のほうが答練よりも重要度が高いということです。これは、本試験が毎年、カコ問と同様の知識を多数出題すること及びすべての受験生の方に共通する教材が、カコ問であることからも明らかです。

答練は、カコ問が解き終わった方が、次の目的のために使って初めて意味のあるものになります（模試も同様の目的のために使用可能です）。

Ⅰ　カコ問と同様の知識が別の聞き方で出題されても解けるかを試す
Ⅱ　初見の問題を解く練習をする
Ⅲ　時間配分の練習をする

カコ問が解き終わっていない方が、その段階でこれらの練習をしても意味がないことはおわかり頂けたかと思います。

なお、「答練の受講料を支払うことが厳しいので、答練を受けることができない」という方も、いらっしゃると思います。ご安心下さい。**あくまで答練は答案練習会**ですので、受けないと合格できないわけではありません。事実、私も模試は受けましたが、答練は受けていません。また、答練を受けずに合格した方も多数います。

さらに言えば、答練を受けることにより、テキストの復習の時間がなくなるのならば、受けないで下さい。答練は、**練習の機会を増やすものにすぎません**ので、それによりテキストの復習の時間がなくなってしまうのでは本末転倒です。

第2節

復習方法

1 未出の知識を拾う必要があるか？

結論から申し上げると、基本的には、答練又は模試で出題された未出の知識（本試験でまだ出題されていない知識のことです）を拾う必要はありません。答練又は模試を受けることの意義の一つに、未出の知識を拾うことを挙げる方が多くいますが、次の二つの理由から控えたほうが賢明です。

①効率が悪すぎる
②必要性がない

①（効率が悪すぎる）について

たしかに、答練又は模試で出題された未出の知識が本試験で出ることもあります。しかし、それは答練及び模試で多数出題された未出の知識の〝ごく一部〟です。どこの予備校もそうですが、数十回にわたる答練及び模試を実施し、そこで多数の未出の知識を出題し、的中したものだけを宣伝に使用します。その的中率を考えると、決して高いものとは言えません。

②（必要性がない）について

「必要性」、つまり、答練又は模試の未出の知識を拾わないと合格できないのかということですが、拾わなくても合格できます。それは、答練及び模試を受けないで合格する方がいることからも明かです。また、各予備校が答練及び模試で出題する未出の知識は異なりますが、どの予備校からも合格者は出ています。

本章第1節で申し上げましたとおり、答練及び模試を受ける目的は別のところにあります。その目的を重視して下さい。

なお、答練又は模試の未出の知識を拾ってもよい場合があります。それは、答練又は模試で出題された多数の未出の知識のうち、**テキスト作成の業務を行っている**講師が、（答練又は模試の解説講義などで）拾うべきであるとセレクトした知識です。本試験で出題される未出の知識は、有名な学者の本に掲載されているなど、基本的には根拠があります。試験委員も、何も見ずに問題を作っているとは考えられないからです。そこで、学者の本を参照しながら仕事をしている講師であれば、出題される可能性が高い未出の知識であるかどうかを判断することが可能です。

しかし、「講師であれば信頼する」という姿勢はいけません。よって、「テキスト作成の業務を行っている」という一定の判断基準を設けました。テキスト作成の業務を行っていると、「この未出の知識はテキストに掲載すべきか」という問題に常にぶつかります。そのため、ある程度は目が鍛えられていると言えます。ところが、これも確実な基準ではありません。ということで、「一律に拾わない」としたほうが無難かもしれません。

ここまでお読みになり、答練又は模試の未出の知識を拾わないことに違和感を覚えた方が少なからずはいらっしゃるかと思います。「未出の知識なしで戦えるのか？」という不安がよぎっていると思います。しかし、「未出の知識なし」では、決してありません。みなさんがお持ちのテキストには、未出の知識が多数記載されています。カコ問知識のみをただ体系的に並び替えたテキストというものは存在しません。よって、テキストに掲載されている知識の習得度を上げることにより、未出の知識の対策となります。そして、テキストは、その著者が「この未出の知識はテキストに掲載すべきか」という問題にぶつかりながら作成したものです。

2 解説冊子の使い方

――答練や模試の解説冊子をすべて読みますか――

答練や模試を受けたことがある方はその時どうだったか、受けたことがない方は自分だったらどうするかを考えて下さい。

答練や模試を受けると、解説冊子が配布されます。この解説冊子の使い方が、直前期の学習を非効率なものにしないかということに大きく影響します。

結論を申し上げると、解説冊子はすべてを読むべきではありません。なぜなら、解説冊子をすべて読んでいると、直前期のテキストの学習ができなくなるからです。答練や模試の解説冊子は、100ページを超えることが当たり前です。予備校によっては、記述の解説冊子だけで100ページを超えることさえあります。よって、そのすべてを読んでいては、答練や模試の復習に1週間の大部分の学習時間を割かれ、テキストの学習に十分な学習時間を充てられないという最悪の事態に陥ります。

それでは、解説冊子はどのように使えばよいのでしょうか。

最も効率的な使い方は、「間違えた箇所、問題を解いていて不安があった箇所に絞って、解説冊子を読む」というものです。この程度で結構です。そして、答練や模試の復習は、**必ず受けたその日のうちに終わらせて下さい**。なお、これだけに絞っても、受けた日のうちに終わらない方がいらっしゃると思います。その場合は、そこで諦めて、それ以上の答練や模試の復習はしないで下さい。その受けた日に答練や模試の復習が終わらないのであれば、テキストの習得率が低いと言えます。そのような方であれば、余計にテキストの学習時間を取らなければならないので、次の日に答練や模試の復習を持ち越している場合ではありません。

第14章

覚悟から生まれるモチベーション

――リアリスティック25

第1節

ほとんどの受験生の方が合格を諦める

1 普通の受験生は無視する

――専業受験生の方は最低でも1日10時間、兼業受験生の方は（本試験の1年前より試験勉強を開始するのであれば）最低でも1週間で38・5時間（※）は勉強して下さい――

※本試験の1年前に学習を開始した場合に、本試験までに、2000時間確保するのに必要な1週間の学習時間です（第3章第1節1参照）。

今、本書をお読みになっているあなた以外のほとんどの方が「できない」と言いました。**だから、あなたが受かるのです**。

この試験を始めた方の大多数の行き着く先は、「合格」ではありません。**「諦めて試験勉強を止める」**というものです。合格して試験勉強を止めることができるという方よりも、合格を諦めて試験勉強を止める方のほうが圧倒的に多いのです。つまり、平均的な考え方をしていては、一生受からないということになります。

私は、『司法書士5ヶ月合格法』（自由国民社）という書籍に、自身の受験生時代のことを記載しました。それに対して、「こんなの普通じゃない！」という声も多数寄せられました。

当たり前です。

毎年50人前後しかいないと思われる一発合格者というだけで、普通ではありません。さらに5か月で合格しているわけですから、普通の受験生の方と同じであるわけもないでしょう。

「普通の受験生の方と違う」というのは、高学歴や特別な才能が必要であるということではありません。「普通ではない」ということは、**意識の問題**です。

本書で方法論は示してきましたが、それだけでは合格できないのも事実です。平均的な受験生の方を無視し、意識を高く持つことができれば、あなたは合格できるでしょう。このことは、本章を読まれる際に、そして、本試験まで常に念頭に置いておいて下さい。

Column

合格後も平均ではいけない

合格後にも、平均で構わないという考え方では、司法書士になった意味があまりないでしょう。それを「収入」の面から、ご説明します。もちろん、司法書士の仕事には、サラリーマンなどとは違うやりがいなどもありますが、それらは客観的な数値で表すことができるものではなく、人によって異なるものです。よって、ほとんどの方にとって大きな関心事であろう収入について考えていきます。

勤務司法書士の月収(初任給)は、大体次のようになっています。

- **東京の事務所、東京以外の大規模事務所 → 月収 25〜30 万円**
- **それ以外 → 月収 20 万円**

※すべての事務所がこの月収というわけではありませんが、大体この程度の月収であるとのイメージをお持ち頂ければ間違いはありません

東京の事務所及び東京以外の大規模事務所を除いて、基本的に月収(初任給)は 20 万円ですから、大卒の初任給程度です。では、これが上がっていくかという問題ですが、ほとんどの事務所では、一般企業のように勤務年数に応じて給料が上がっていくというシステムはありません。勤務司法書士は 1〜3 年で退職する方が多いので(開業や他の事務所の業務を学ぶために退職することが多いです)、そのようなシステムが構築されないのだと考えられます。

5〜10 年と勤続年数が長くなっても、月収 20 万円台などということは、よくある話です(ただし、自分で銀行などから仕事を取ってこられるなど、その司法書士がいなければ事務所の経営に大きく影響するという場合には年収 1,000 万円を超えることもあります。しかし、ごく一部の勤務司法書士です)。

勤務司法書士はこのような状況ですので、高収入を望むのであれば、開業ということになります。

ところが、開業すれば誰でも食べていけるわけではありません。「開業して食べていけなかった司法書士は、いない」などと予備校や講師が言うこともありますが、全くのデマです。私の知り合いの司法書士で「開業はしたが、司法書士の収入だけでは生活ができないので、アルバイトをしている」という方は何人もいます。

よって、司法書士の平均では、収入は一般企業や公務員の平均には及ばないと考えられます。しかし、他の司法書士と違うことができれば、一般企業や公務員では得られないような収入を短期間で獲得することができるのも事実です。開業後、1年前後で月の売上が3桁（100万円単位）になり、従たる事務所（支店だと思って下さい）を出す司法書士もいます。つまり、合格後も「平均ではいけない」ということです。

予備校や講師が意図的に語らない合格後の厳しい現実もご説明しました。なぜなら、ほとんどの方が、月の収入から家賃やローンの支払をし、駐車場代の支払をし、食費の支払をし、お子さんの学費を支払うからです。「どの程度の収入が見込めるのか？」ということは死活問題です。

よって、これらの情報を正直に受験生の方にお伝えするのは、受験界に身を置くべき者の最低限の礼節であり、これができなくなれば、私はこの業界から退場するつもりでいます。

第2節

合格で得られる意外なもの

1 間に合わせる力

合格により得られる最も大きなものは、もちろん、「司法書士」という資格です。懲役刑を受けるなどということがない限り、司法書士の資格は終身有効であり、みなさんが最も得たいものだと思います。しかし、持ち得ている時間のすべてを勉強時間に充て、ノルマ達成の発想（第4章第1節参照）を実行した方が得られるものは、実はそれ以外にもあります。それは、「間に合わせる力」です。

合格後は、司法書士として働くという方が多いと思います。これは、開業すればそのまま当てはまることですが、お客様から頂いた仕事を自分の責任で納期までに間に合わせなければなりません。司法書士の仕事は、未完成のものを納品する（却下になる申請書を提出する）わけにはいきませんので、試験勉強のノルマ達成の発想がそのまま当てはまるわけではありません。しかし、間に合わせる力がどれだけあるかによって、こなせる仕事の量及びそれに応じた報酬が変わってきますし、仕事を依頼された方からの信頼も変わってきます。

この間に合わせる力は、すべての合格者が高いレベルで持っているものではなく、前記の2点の能力（持ち得ている時間のすべてを勉強時間に充てられること、及びノルマ達成の発想を持っていること）を受験生時代に得た方が、高いレベルで持っていると言えます。

私が、「合格で得たものの中で価値のあるものを挙げよ」と言われたら、次の順になります。

①司法書士という資格
②間に合わせる力
③5か月で合格したという実績

客観的にみれば、②よりも③のほうが価値があると思われていることは、理解しています。私自身を知って頂くために、「5か月合格」ということを利用しているのは、間違いありません。

しかし、私の主観としては、②のほうが価値があります。講師という仕事も、締め切りの連続です。本書の原稿もそうですし、講座で使用するテキストの執筆や指示、ネットメディアへの寄稿など、毎週何らかの締め切りがあります。そのとき、「間に合わせることができる」と思い、実際に間に合わせられるのは、受験生時代の体験があったからです。すべてそれが基となっています。これは、成功体験と言ってもいいでしょうし、ノウハウを得たと言ってもいいでしょう。

このように、司法書士業務に限らず、他の仕事においても役立つ能力となります。

本書では、「専業受験生の方は、最低でも1日10時間程度は勉強する」「兼業受験生の方が1年前に学習を開始したのであれば、1週間で38・5時間勉強する」「ノルマ達成の発想を貫き、理解できないことがあっても進む」など、みなさんに厳しい要求をしてきました。

実際のところ、(大抵合格まで4年以上かかっていますが)専業受験生であるにもかかわらず、1日2~3時間の学習で合格した方や、毎年4月からしか学習を開始せず、恒例行事のように本試験を受験していたら合格した方なども割と多くいます。講師が「合格者は、みな死ぬ気で勉強している」「合格者は、みな普通の人では考えられない努力家だ」と力説するのは、みなさんをやる気にさせるための嘘なのです。私は「リアリスティック」と申し上げていますので、実際のところを記載しましたが、この講師の嘘は良い嘘です。たしかに、ダラダラ本試験を受験して合格する方もいます。しかし、それでは合格できる可能性が減少しますし、間に合わせる力が得られないのです。よって、私は、本書を標準と考えて頂きたいと思っています。

第3節

常に高いモチベーションを保ち続けられる人はいるのか？

1 1日中持つことさえない

私はよく誤解されるのですが、「朝から晩まで常に高いモチベーションを保ち続けている」と思われることがあります。そんなことは、全くありません。受験生時代は「絶対に合格してやる」、今は「日本一の講師になる」と気合いを入れて机に向かいますが、1時間も経たないうちに、その気合いは薄れ、勉強や仕事と関係のないことを考えてしまうことがほとんどです。オリンピックでメダルを獲るような選手であれば、常に高いモチベーションを保ち続けられるのでしょうか。おそらく、そんなことはないと思います。世の中には、自身の目標のために、ごくまれに高いモチベーションを保ち続けられる方がいますが、我々凡人は、目標のためにモチベーションを一旦高めても、そのモチベーションが1日持続することさえないのが通常です。

「私は、高いモチベーションを維持できない」などと卑下する必要はありません。すぐにモチベーションが下がるのは、普通のことです。そこで、何度もモチベーションを上げ直す必要があるのです。毎日何度も何度も下がるモチベーションを、合格後のイメージを持つ、気合いの入る好きな音楽を聴く、気合いの入る短時間の動画を観るなどといった方法で上げる。その繰り返しです。実際に「絶対に合格してやる」などと声を出すことも効果があります。

Column

一瞬の喜びでも価値はある？

「司法書士」という資格及びきちんと学習をして合格することにより得られる「間に合わせる力」。これらは、いずれも合格後もずっと残るものです。それに対して、合格後一瞬しか存在しないものがあります。それが、“合格したという喜び”です。

みなさんは、合格後もずっと残るものをモチベーションとして学習することがほとんどだと思います。しかし、それではモチベーションが持たないことがあります。そんなとき、この一瞬しか存在しない「合格した」という喜びをモチベーションにして下さい。

合格の喜びは、残念ながら、すぐに消えてしまうものです。人によって違いはありますが、合格発表の翌日には消えている、さらに言えば、合格発表の当日の夜に消えているという方さえいます。しかし、それでも合格の喜びには価値があります。私は「人生で最も嬉しかった時は？」と聞かれれば、「司法書士試験に合格した時」と答えます。初めて自身の書籍を出版した時でも、初めて講義に100人以上の受講生の方がお越し頂いた時でもありません。合格発表の瞬間は、自身の番号を確認したパソコンの前で飛び跳ねていたのを今でも鮮明に記憶しています。興奮して、麦茶が入っていたポットを振り回し、割った記憶もあります。

ほんの1日、1時間であっても、5か月間、1年間勉強しかしないという生活をする価値があるものです。今までの自身の努力が報われた瞬間に勝る喜びはありません。

時には、これもモチベーションとして下さい。

第4節

生きるために必要なのか？

1「合格すること」→生きること

——あなたにとって司法書士試験に合格することは生きるために必要なことですか——

このことを一度考えてみて下さい。単に「合格したい」「司法書士になれたらいいな」というレベルではありません。生きるため、つまり、生活していくために必要かどうかということです。

おそらく、この資格を目指す方のほとんどは、現状の生活に何か不満があるのだと思います。私も、そうでした。サラリーマンを辞め、アルバイト生活をしていましたが、コンビニなどのアルバイトでは、週5日働いても、月収10万円台前半です。サラリーマン時代に貯めた預金を減らさないように生活するのが精一杯でした。そんな生活に「このままの生活では、この先の人生でよいこともないだろうし、そもそも生きていけるのかさえわからない」と思っていました。

私にとって「司法書士」という資格は生活のため、生きていくために必要だったのです。

だから、勉強しました。

5か月間は、その年の本試験を受けた受験生の中で最も勉強したと思います。友人に飲みに誘われたり、大好きなサッカーのワールドカップの本大会があったりしましたが、すべてシャットアウトして勉強しました。生きるために必要な司法書士の資格と比べて、勝るものがなかったからです。

みなさんは、どうでしょうか。

司法書士試験に合格することが生きるために必要なことでしょうか。

本試験まで、何度もそのことを真剣に考えて下さい。それが、何にも勝る勉強への原動力となります。

1日10時間（専業受験生の方）、1週間で38・5時間（兼業受験生の方）の勉強ができないという方は、この資格が生きるために必要ではないのだと思います。

最後に

本書を最後までお読み頂きまして、ありがとうございます。

私は、受験生時代もそうでしたが、講師をしている今も勉強法を常に考えています。むしろ、私の大切な習慣となっています。本書でご紹介した方法論は、毎日勉強法を考える中で、最も効率が良いと考えたものです。その判断基準は「点数につながるか」ということだけです。ただ現実的に、リアリスティックに「点数を獲る」ことだけを判断基準として選んだ方法論です。

本書の中には、みなさんが考えていた勉強法と異なるものも出てきたかと思います。しかし、本書の冒頭でも申し上げたとおり、まずは実践してみて下さい。たとえば、「記述の申請書を書かない」という方法も、「それで大丈夫?」と思われるかもしれませんが、試して頂ければ、「これほど効率的に記憶できるのか」と感じて頂けるはずです。

最後に、私からお願いがあります。

本試験まで頑張って下さい！

私は、ブログで1年に1回しか、この言葉を使いません。試験勉強をする方にとっては、当たり前のことだからです。よって、私が発する「頑張って下さい」は、通常の「頑張って下さい」という意味ではありません。常人から見ると、常軌を逸したような努力のことを指します。

たしかに、本書で効率的な方法論を示しましたので、「勉強できる時間のすべてを勉強に充てる」ということをしなくても、合格する可能性は十分にあります。しかし、勉強できる時間のすべてを勉強に充てて頂きたいと思っています。その理由は、「間に合わせる力」がつくということと、合格の可能性を1％でも上げて欲しいことにあります。

「他のことを犠牲にしてまで勉強する意味はあるのか？」と思われるかもしれません。「月収（初任給）は20万円が普通である」「開業はしたが、アルバイトをしている人もいる」などと申し上げたので、「目指す価値がある資格なのか？」と思われた方もいることでしょう。しかし、私は、目指す価値があると思っています。私の人生は、司法書士試験を合格したことで大きく変わりましたし、合格後に成功し、人生が変わったという方を何人も見てきました。

もちろん、成功するためには、単に合格するだけではなく、合格後も努力しなければなりません。

しかし、それは他の試験にも当てはまることです。合格しただけで成功が約束されている試験は、そうあるものではありません。その中で、司法書士試験は、大きなきっかけ、大きな武器となるはずです。

みなさんが、司法書士試験の合格発表の日に人生最高の笑みを浮かべていることを心より祈念しております。

祈合格

松本雅典

〈著者紹介〉

松本 雅典（まつもと・まさのり）

◎——1986年生まれ。2010年11月司法書士試験合格。2010年12月宅建試験合格。2011年1月行政書士試験合格。2011年9月簡裁訴訟代理等能力認定。

◎——法律学習未経験ながら、５か月で司法書士試験に合格。５か月の学習期間での合格は、現在確認されている中で最短。それまでの司法書士受験界の常識であった方法論と異なる独自の方法論を採ったことにより合格した。
現在は、その独自の方法論を指導するため、辰已法律研究所にて、講師として後進の指導にあたる（「１年合格コース」〈リアリスティック一発合格松本基礎講座〉を担当）。合格まで平均4年かかる現状を超短期（4～7か月）で合格することを当たり前に変えるため、指導にあたっている。なお、司法書士試験に合格したのと同年に、宅建試験・行政書士試験も受験し、ともに一発合格。

◎——著書に『司法書士５ヶ月合格法』（自由国民社）『司法書士リアリスティック不動産登記法　記述式』（日本実業出版社）があり、監修書に『電車で書式〈不動産登記90問〉』『電車で書式〈商業登記90問〉』（日本実業出版社）がある。

【ブログ】
司法書士超短期合格法研究ブログ　http://blog.livedoor.jp/sihousyosi_5month/
【運営ホームページ】
リアリスティック司法書士試験　http://shihousyoshi.sakura.ne.jp/
【ネットメディア】
All Aboutガイド　http://allabout.co.jp/gm/gt/2754/

予備校講師が独学者のために書いた　司法書士5ヶ月合格法

2013年　8月23日　第１刷発行

著　者——松本 雅典
発行者——徳留 慶太郎
発行所——株式会社 すばる舎
〒170-0013 東京都豊島区東池袋3-9-7
東池袋織本ビル
TEL　03-3981-8651（代表）
　　　03-3981-0767（営業部直通）
FAX　03-3981-8638
URL　http://www.subarusya.jp/
振替　00140-7-116563

印　刷——株式会社 シナノ

ISBN978-4-7991-0276-3